Bibliografische Information der Deutschen Nationalbibliothek:
Die Deutsche Nationalbibliothek verzeichnet diese Publikation in der Deutschen Nationalbibliografie; detaillierte bibliografische Daten sind im Internet über http://dnb.dnb.de abrufbar.

Herstellung und Verlag:
© 2018   ISBN 9783752876338
BoD – Books on Demand, Norderstedt

Das kleine Vitamin-Buch

Helmut Moldaschl

Inhalt

1 Übersicht

Mit der Nahrung bestimmen wir unsere Lebensqualität. Vitamine spielen dabei eine fundamentale Rolle. Sie erfüllen wichtige Aufgaben im Stoffwechsel. Fehlen sie, so entstehen Mangelerkrankungen. Auch wenn diese aufgrund der guten Ernährungssituation in Industrieländern kaum mehr vorkommen, sollten Sie selbst auf vitaminreiche Kost achten. Vitamine sind in vielen Produkten enthalten. Nur wissen wir es nicht.

A	Carotin	Leber, Käse, Lachs, Eigelb	Karotten, Spinat, Marillen, Papaya, Grünkohl
B_1	Thiamin	Eigelb, Leber	Weizenkeime, Bierhefe, Vollkornprodukte, Sonnenblumenkerne, Nüsse, Buchweizen
B_2	Riboflavin	Leber, Lachs, Eigelb, Käse, Milch	Mandeln, Vollkornprodukte, dunkelgrünes Blattgemüse
B_3	Niacin	Leber, Lachs, Thunfisch, Geflügel, Lamm	Bierhefe, Erdnüsse, Spirulina, Vollkorngetreide
B_5	Pantothensäure	Eigelb, Lachs	Bierhefe, Erdnüsse, Pilze, Avocado, Mungobohnen, Broccoli
B_6	Pyridoxin	Kalbsleber, Lachs, Sardinen	Bananen, Avocado, Datteln, Feigen, Nüsse, Sojabohnen
B_{12}	Cobalamin	Leber, Fleisch, Austern, Hering, Eigelb, Milchprodukte	Algen, Sojaprodukte
C	Ascorbinsäure	Kalbsleber, Rinderleber	Zitrusfrüchte (Zitronen, Orangen), Kiwi, Beeren (Heidel- u. Erdbeeren), Obst, Spinat, Paprika, Sauerkraut

D_3	Cholecal-ciferol	Leber, Lebertran, Eigelb, Milch, Milchprodukte, Butter, Hefe, Thunfisch, Hering, Sardinen, Margarine	Avocados, Pilze
E	Toco-pherol	Lachs	Weizenkeimöl, Sonnenblumenkerne, Sojabohnen, Mandeln, Nüsse, Paprika, Leinsamen
K	Phyllo-chinon	Milch und Milch-produkte, Eier, Fleisch	Zwiebeln, grünes Gemüse (Kohl, Spinat, Kohlrabi, Salat)
B_9	Folsäure	Leber, Eigelb,	Weizenkeime, Bierhefe, Nüsse, Vollkorngetreide, rote Rüben, Spargel, Kohl, Sojabohnen, Erbsen
H	Biotin	Leber, Eigelb, Lachs	Sojaprodukte, Nüsse, Vollkorngetreide, Bierhefe, Naturreis

Der Großteil der Vitamine kann vom menschlichen Körper nicht selbst hergestellt werden, anders, als bei vielen Tieren. Die Vitamine A, B, C, E und K müssen Menschen direkt über die Nahrung aufnehmen.

Als Vitamin A-Quelle reicht dem Menschen aber Carotin (auch Carotin), das ebenfalls in vielen Lebensmitteln vorkommt. Am bekanntesten ist ß-Carotin. Es wird im Körper in Vitamin A umgewandelt

Vitamin D und Niacin kann der Körper zwar selbst produzieren, benötigt dazu aber besondere Bedingungen: Für die Vitamin-D-Produktion ist Sonne wichtig, für Niacin eine eiweißreiche Ernährung.

Chemisch gehören die Vitamine verschiedenen Stoffklassen an. So unterschiedlich sind auch ihre Fachbezeichnungen: beispielsweise heißt Vitamin A *Retinol*, Vitamin C *Ascorbinsäure*, Vitamin B_9 *Folsäure*, Vitamin B_{12} *Cobalamin*. Einige Stoffe sind – auch wenn sie umgangssprachlich als Vitamine bezeichnet werden – gar keine, weil der menschliche Stoffwechsel sie problemlos in ausreichender Menge selbst produzieren kann.

Die Bezeichnung *Vitamin* ist für viele Stoffe heute wissenschaftlich nicht zutreffend, hat sich für einige aber im allgemeinen Sprachgebrauch erhalten. Gelegentlich wird der Begriff *Vitamin* im Zusammenhang mit Produkten von Anbietern gezielt eingesetzt. Der Verbraucher soll den Eindruck gewinnen, dass ein Produkt gesund oder der Gesundheit besonders zuträglich ist. Innerhalb der Europäischen Union ist solcherart Werbung verboten.

Macht es einen Unterschied, ob man Vitaminpräparate im Supermarkt oder in der Apotheke kauft? Die meisten Vitaminpräparate – auch viele, die man ohne Rezept in der Apotheke kaufen kann – sind rechtlich *keine Arzneimittel*, sondern *Nahrungsergänzungsmittel*. Sie unterliegen in Deutschland nicht dem Arzneimittelgesetz. Vom Gesetz her werden sie daher wie Lebensmittel bewertet und nicht wie Medikamente. Daher dürfen sie nicht zur Vorbeugung (*Prävention*) oder Behandlung von Krankheiten beworben werden – auch wenn sich manche Anbieter, vor allem im Internet, oft nicht daran halten.

Vitamine und Mineralstoffe, die sich tatsächlich zur Behandlung von Mangelzuständen einsetzen lassen, müssen dagegen als Arzneimittel zugelassen sein und die entsprechenden Prüfungen durchlaufen haben. Oder sie sind zum Beispiel in Infusions-lösungen oder Trinknahrungsprodukten enthalten, die zur Ernährungstherapie von Kranken zugelassen sind. Solche Präparate sind apothekenpflichtig. Höher dosierte Vitamine und Spurenelemente, oder solche, die bei unsachgemäßer Anwendung schaden könnten, sind unter Umständen sogar *rezeptpflichtig*.

Beachtenswert ist der Verlust an Vitaminen durch die Verarbeitung. Einfrieren ist eine wichtige Technik der Konservierung. Am heftigsten dabei ist allerdings dabei der Verlust von Vitamin C: 30 Prozent sind es. Bei den meisten anderen Vitalstoffen liegen die Verluste nur bei 0 bis 5 Prozent, so dass es eine aus gesundheitlicher Sicht effiziente Bearbeitungsmethode darstellt.
Beim Trocknen gehen 80 Prozent des Vitamin C verloren, B-Vitamine zwischen 10 Prozent (Vitamine B_2, B_3 und B_6), 30 Prozent (Vitamin B_1) und 50 Prozent (Folsäure, Vitamin B_{12}).

Vitamin C geht beispielsweise beim Garen verloren, durch
    Kochen: 50 %
    Dämpfen: 30 %
    Dünsten: 25 %
    Aufwärmen: jedesmal weitere 50 %

Der Vitamin C-Verlust variiert nach Gemüseart. Beim Kochen von Kartoffeln beträgt er etwa 25 %, beim Kochen von Kohlrabi 45 % und bei Brokkoli 65 %. Wenn Sie die Kartoffeln ohne Schale kochen, verlieren Sie sogar 50 % des Vitamin C. *Es ist also gut, wenn man weiß, was man tut.*
    Trotz der hohen Temperaturen sind die Verluste beim Frittieren erstaulicherweise nicht so hoch wie beim Kochen von geschälten Kartoffeln, da dabei

nicht nur ein Teil des Vitamins durch die Hitze zerstört, sondern zudem ein anderer Teil mit dem Kochwasser ausgewaschen wird.

In einer halben geschälten und gekochten Kartoffel befinden sich noch etwa 10 Milligramm Vitamin C; in derselben Menge Pommes Frites hingegen sind es 15 Milligramm. Das ist überraschend.

Auch der Zustand einer Frucht entscheidet über ihren Vitamin-Erhalt: solange eine Orange noch intakt ist, ist auch ein Großteil der Vitamine darin intakt. Schneidet man die Frucht jedoch auf und presst den Saft heraus, dann kommt das Vitamin C mit Licht und Sauerstoff in Berührung. Es wird viel schneller und viel mehr davon zerstört, als beispielsweise durch die Pasteurisierung, bei der der Saft nur wenige Sekunden lang auf etwa 70 Grad erhitzt wird. Da der Vitamin C-Gehalt schon 15 Minuten nach dem Pressen um bis zu 10 Prozent reduziert wird, sollten frisch gepresste Säfte sofort getrunken werden.

Selbst der pH-Wert ist entscheidend für die Lebensdauer eines Vitamins. Beispielsweise ist Vitamin C eine schwache Säure und bleibt daher im sauren Milieu der Orange lange stabil. Wenn es dieses aber verlassen muss, wird es schnell abgebaut.

Die Vitamin B-Gruppe umfasst 8 Vitamine. Austern, Huhn und Feldsalat, Sesam, Grünkohl, Putenbrust, Endiviensalat, Makrele, Kalbfleisch, Sonnenblumenkerne, Linsen, Rindfleisch, Bananen und Weichkäse sind gute Vitamin B-Spender.

Vitamin B_1 (Thiamin) und Vitamin B_5 (Pantothensäure) sind stark hitzeempfindlich. Auch die übrigen B-Vitamine einschließlich Folsäure sind recht hitzeempfindlich und werden auch durch unsachgemässe Lagerung reduziert.

Der Vitamingehalt an B_1, B_2, B_3, B_6 und Folsäure wird um 25 bis 35 Prozent verringert, wenn beispielsweise Milch 15 Minuten lang gekocht wird. Außerdem sind alle B-Vitamine wasserlöslich und gehen daher beim Kochen mehr oder weniger in das Kochwasser über.

Wenig hitzeempfindlich und außerdem wasserunlöslich sind die fettlöslichen Vitamine A, E und K. Beim Kochen kommt es hier also nur unwesentlich zu ihrer Auswaschung.

Dennoch entstehen beim Vitamin A während des Erhitzens Nährstoffverluste. Beim Kochen von Eiern, die eine gute Vitamin A-Quelle darstellen, entstehen Nährstoffverluste von bis zu 20 Prozent. Beim Garen von Beta Carotin hingegen, aus dem der Körper Vitamin A gewinnt, steigt der Nährstoffinhalt sogar!

Eine schwedische Studie ergab folgendes:

- Aus grob gestückelten rohen Karotten konnten 3 % des enthaltenen Beta Carotins resorbiert werden. Mit Öl stieg der resorbierte Beta Carotin-Anteil nur um 1 % auf 4 % und blieb auf diesem Wert. Egal wie viel Öl man zusetzte.

- Aus grob gestückelten gegarten Karotten wurden 6 % Beta Carotin resorbiert. Gab man hier Öl dazu, stieg die resorbierte Beta Carotin-Menge auf maximal 8 %.
- Aus pürierten rohen Karotten hingegen konnten 21 % Beta Carotin resorbiert werden. Mit Zusatz von Öl stieg der resorbierte Anteil abhängig von der Öl-menge auf 28 bis 34 %.
- Aus pürierten gekochten Karotten hingegen waren es 27 % Beta Carotin. Bei Zusatz von Öl stieg der Wert auf bis zu 45 %.

Die stets betonte Fettbeigabe zu Beta Carotin-reichem Gemüse ist also zweitrangig.

Entscheidend ist die gute Zerkleinerung des Rohstoffs. Damit wird das Beta Carotin, das in den Pflanzenzellen eingeschlossen ist, aus diesen befreit und kann dann besser resorbiert werden. Dabei ist es nicht wichtig, ob die Frucht im rohen oder gekochten Zustand gemixt, püriert oder ‚nur' gut gekaut wird.

Wir machen nun eine kleine Wanderung durch die komplexe Landschaft der Vitamine. Dabei können wir nicht alle Wege gehen, nicht alle Zusammenhänge darstellen, das würde zu lange dauern und Ihre Geduld und ihre Aufmerksamkeit zu sehr strapazieren. Aber selbst unser einfacher Weg ist an manchen Stellen ziemlich komplex, und so werden Sie einen Eindruck gewinnen, was in unserem Körper los ist, wenn all die chemischen Verbindungen wirksam werden.

Wir werden manches im Detail darstellen und damit zeigen, warum Vitamine für uns so wichtig sind, in welchen Nahrungsmitteln wir sie finden und was los ist, wenn wir sie nicht oder zu wenig davon haben.

2 Vitamin A / Retinol

Vitamin A (*Augenvitamin*) hat wesentliche Funktionen im menschlichen Körper. Es wird entweder direkt mit der Nahrung aufgenommen oder im Körper aus sogenannten Carotinen gebildet (siehe dort). Den täglichen Bedarf an Vitamin A können gesunde Menschen problemlos über eine abwechslungsreiche Ernährung decken.

Vitamin A ist ein elementarer Baustein des lichtempfindlichen Sehpigments Rhodopsin in den Stäbchen der Netzhaut (*Retina*). Das auch Sehpurpur genannte Netzhautprotein wird zur Hell-Dunkel-Adaptation benötigt. Vitamin A sorgt zudem dafür, dass ausreichend Augenflüssigkeit gebildet wird, und es verhindert damit im Zusammenspiel mit anderen Faktoren die Entstehung von Grauem Star (*Katarakt*).

Ein Mangel an Vitamin A (*Vitamin A-Hypovitaminose*) kann verschiedene Sehstörungen zur Folge haben:

Die Verringerung der Sehschärfe durch Hornhauttrübungen. Sehschwäche in der Dämmerung (Nachtblindheit) wegen einer zu trockenen Bindehaut. Erhöhte Blendempfindlichkeit. Auch trockene Augen gehen häufig auf einen Vitamin A-Mangel zurück. Außerdem können matt-weißliche Flecken im Lidspaltenbereich der Bindehaut (*Bitot-Flecken*) sowie Hornhautgeschwüre auftreten. Bei schwerem Vitamin A-Mangel in den Augen kann die Hornhaut weich werden (*Keratomalazie*), und das Auge kann irreversibel erblinden. Die Gesamtheit der durch Vitamin A-Mangel verursachten Veränderungen der Augen bezeichnet man als *Xerophthalmie*.

Liegt ein Vitamin A-Mangel vor, so ist er zumeist auf eine erhebliche Fehlernährung zurückzuführen. Dieser Fall kommt in westlichen Industrienationen allerdings nur selten vor. Sehr viel häufiger sind Erkrankungen die Ursache, die entweder die Aufnahme des Vitamins beeinflussen oder einen erhöhten Bedarf an Vitamin A im Körper hervorrufen. Dazu gehören Störungen des Fettstoffwechsels oder Lebererkrankungen.

Da Vitamin A, wie viele Vitamine, fettlöslich ist, kann eine Störung des Fettstoffwechsels zu einem Vitamin A-Mangel in den Augen führen. Ohne Fett kann Vitamin A im Verdauungstrakt nicht aus der Nahrung aufgenommen, gespeichert und verwertet werden. Für die Resorption von Vitamin A sind daher eine ausreichende Fettzufuhr, sowie ein intakter Fettstoffwechsel notwendig.

Lebererkrankungen können zu einem Mangel an Vitamin A im Körper führen, weil Vitamin A vor allem in seiner Vorstufe, dem Provitamin A oder Beta-Carotin, in den Körper gelangt. Erst in der Leber werden die Provitamine in das eigentliche Vitamin A umgewandelt. Ist die Leberfunktion eingeschränkt, zum Beispiel durch eine chronische Lebererkrankung wie Hepatitis oder eine Leberzirrhose, kann die notwendige Umwandlung gefährlich gestört sein.

Vorbeugung ist grundsätzlich die beste Methode gegen einen Mangel an irgendwelchen Vitaminen. Das gilt natürlich auch für Vitamin A. Dem gesunden

Menschen sollte es gelingen den täglichen Bedarf des Körpers an Vitamin A zu stillen, zumal er ist nicht besonders groß ist. Im Grunde genügt eine gesunde und ausgewogene Ernährung, damit ausreichend Vitamin A vorhanden ist. Die Einnahme von künstlichem Vitamin A in Form von Tabletten oder Kapseln ist unter dieser Voraussetzung nicht nötig. Treten aber beispielsweise Probleme mit den Augen auf, sollte man sich ärztlich untersuchen lassen. Das gilt auch unabhängig von einem Verdacht auf Vitamin A-Mangel. Stellt eine Untersuchung einen Vitamin A-Mangel als Ursache fest, muss diese ärztlich behandelt werden.

Zusammenfassend: ein Vitamin-A-Mangel beeinträchtigt die Funktion der Augen und führt zu Sehstörungen. Zu den Ursachen von Vitamin A-Mangel gehört in erster Linie eine falsche Ernährung. Eine ausgewogene Ernährung deckt den Tagesbedarf an Vitamin A bei gesunden Menschen.

Vitamin A ist also am Sehvorgang wesentlich beteiligt, insbesondere bei der Bildung von Rhodopsin, das in den Stäbchen der Netzhaut für das Hell-dunkel-Sehen verantwortlich ist. Retinal als Aldehyd des Retinols ist ein wichtiger Bestandteil der Sehfarbstoffe.

Selbstverständlich braucht der Körper Vitamin A nicht nur in den Augen. Auch für den Aufbau und die Erhaltung der Epithelgewebe von Haut und Schleimhaut. Für den Aufbau und die Erhaltung des Knorpel- und Knochengewebes sowie der Zähne. Für die Infektionsabwehr. Für das Wachstum des Körpers. Für die Fortpflanzung, also die Spermatogenese, die Oogenese (die Pränatale und die Postpartale Entwicklung des Embryos, also die Plazentaentwicklung, die Embryonalentwicklung).

Vitamin A gehört zu den fettlöslichen Vitaminen. Es wird dem Organismus entweder über die Nahrung zugeführt oder in der Dünndarmwand aus Beta Carotin, einer Vorstufe des Vitamin A gebildet.

Eine fettarme Ernährung kann die Resorption von Retinol-Vorstufen beeinträchtigen. Der Bedarf an Retinol beträgt 2 mg/Tag. Der menschliche Organismus hat Rücklagen von ca. 500 mg, gespeichert in den Ito-Zellen der Leber als Retinylpalmitat. Der Referenzbereich für den Serumspiegel ersteckt sich von 20 - 100 µg/dl. Eine

Eine Serumspiegelbestimmung sollte bei Nachtblindheit erfolgen, also bei hoher Zufuhr synthetischer Vitaminpräparate und bei Malabsorption, also der mangelhaften Aufnahme von Substraten aus dem bereits vorverdauten Speisebrei in die Zellen und damit in das Gewebe.

Retinol wird zur Herstellung von Glykoproteinen in Epithel-zellen benötigt. Es schützt und erhält damit das Epithelgewebe.

Eine Retinol-Hypovitaminose, also eine Unterversorgung mit Vitamin A führt neben Nachtblindheit und Xerophthalmie zu Wachstumsstörungen, Knochenbildungsstörungen und in der Schwangerschaft zu Missbildungen des Fetus.

Reich an Provitamin A sind *Karotten, Lebertran, Leber, Spinat, Grünkohl, Eigelb.*

In der Nahrung liegt es, in Form von Retinol und Retinylester in tierischen Produkten, sowie in Form von Provitamin A – vor allem Beta Carotin –, in pflanzlichen Lebensmitteln vor. Gespeichert wird Vitamin A in der Leber. Zum Transport im Blut ist es an ein Eiweiß gebunden.

Retinol, ein zu den Isoprenoiden gehöriger Alkohol, ist ein fettlösliches Vitamin. Alle Isoprenoide bestehen aus Isopren-Molekülen und sind die Grundkörper vieler pflanzlicher und tierischer Naturstoffe. Isopren ist ein ungesättigter Kohlenwasserstoff, hat also starke Doppelbindungen zwischen den Atomen und ist die Basis für viele wichtige Naturstoffe.

In der Nahrung ist Retinol als Provitamin A (Beta-Carotin und andere Carotinoide) vorhanden. Provitamine können im Körper dann enzymatisch in Vitamine umgewandelt werden (z. B. eben Provitamin A zu Retinol) und sind damit Vorstufen der Vitamine. Carotinoide sind wichtig wegen ihrer antioxidativen Wirkung, in der Zellkommunikation und durch ihre immun-stimulierende Wirkung. Bei ausgewogener Ernährung ist ein Mangelzustand nicht zu befürchten, jedoch ist er in Ländern der Dritten Welt relevant.

Ein manifester Retinolmangel kann durch Gabe synthetischer Präparate ausgeglichen werden. Jedoch ist wie bei allen fettlöslichen Vitaminen eine Überdosierung möglich.

Symptome einer Überdosierung sind Übelkeit, Sehstörungen (unscharfes Sehen), Wachstumsverzögerung, die Stauungspapille (ein Ödem an der Einmündung des Sehnervs in die Netzhaut), Alopezie (lokale Haarlosigkeit), Cheilitis (Lippenentzündung), Wucherungen des Periosts (einer dünnen Gewebeschicht, welche die Außenfläche aller Knochen überzieht), Arthralgie (Schmerzhaftigkeit von Gelenken), Hepatomegalie (Vergrößerung oder Schwellung der Leber) und Splenomegalie (Vergrößerung der Milz).

Retinol (in Form von Retinylpalmitat) findet sich oft in Faltencremes und ähnlichen Produkten der kosmetischen Industrie. In der Therapie verschiedener Formen der Akne werden Retinoide, natürlich vorkommende oder synthetische Derivate des Retinols, lokal und systemisch angewendet.

3   Provitamin A/β-Carotin

Provitamin A/β-Carotin gibt es in *tiefgelbem, orangefarbenem Gemüse* (*Karotten*), *grünem Blattgemüse, Brokkoli, Grünkohl* und *Obst*.
Provitamine sind Vorstufen von Vitaminen. Aus ihnen können daher im Körper die entsprechend wirksamen Vitamine gebildet werden. Zum Beipiel kann aus β-Carotin das Vitamin A, aus Ergosterol das Vitamin D gebildet werden.
Bekannt ist der Carotingehalt von Karotten, die hauptsächlich β-Carotin enthalten und nach denen die *Carotine* benannt sind. Dieser zu den Carotinoiden gehörender Farbstoff ist in der Natur weit verbreitet. Palmöl ist eine ergiebige Quelle zu seiner Gewinnung. Er besteht aus 8 Isopreneinheiten; Isopren ist ein ungesättigter Kohlenwasserstoff und Ausgangspunkt für eine Vielzahl wichtiger Naturstoffe.

Provitamin A kann in Vitamin A umgewandelt werden. Die antioxidative Wirkung von Vitamin A gilt als Schutzfaktor gegen Krebs.
Infolge der 11 konjugierten Doppelbindungen ist β-Carotin rot gefärbt. In der Chemie versteht man unter Konjugation den Wechsel von Doppel- und Einfachbindungen in Kohlenstoffketten. Als Kohlenwasserstoff ist Carotin nicht in Wasser, aber in unpolaren organischen Lösungsmitteln löslich; die Lösungen sind orange bis rot gefärbt und empfindlich gegen Luft und Licht. Die Wärmestabilität ist recht gut, allerdings tritt beim Schmelzpunkt (176 - 182 °C) Zersetzung ein.
β-Carotin wird in großem Umfang zum Färben von Lebensmitteln verwendet (als E 160 α *Carotin*) und ist Bestandteil von Vitaminpräparaten, da es im Körper in Vitamin A umgewandelt werden kann. Da β-Carotin antioxidativ wirkt, setzt man es u. a. prophylaktisch gegen Herz- und Kreislauferkran-kungen sowie Krebs ein. Allerdings zeigten Studien mit 20 bzw. 30 mg täglich vermehrt Erkrankungen und sogar Todesfälle bei Rauchern.
Ein Mangel an Provitamin A wirkt sich ähnlich aus wie ein Mangel an Vitamin A. Folgen können sein die Austrocknung der Tränendrüsen und der Augenbindehaut, Nachtblindheit, Erblindung, Abwehrschwäche.

4   Vitamin B_1 / Thiamin

Im Volksmund auch *Stimmungsvitamin* genannt, ist das Thiamin (Vitamin B_1 oder Aneurin) von schwachem aber charakteristischem Geruch. Thiamin ist wasserlöslich und gehört zum B-Komplex einer Gruppe von acht Vitaminen. Sie alle sind Vorstufen für Koenzyme: diese nehmen während der Reaktion im Körper chemische Gruppen, Protonen oder Elektronen auf oder geben diese ab, womit sie ihre Reaktivität verändern.

Vitamin B_1 ist für die Funktion des Nervensystems unentbehrlich. Wird es dem Körper über 14 Tage hindurch nicht zugeführt, so sind die Reserven zu 50 % aufgebraucht.

Das in der gängigen Nahrung nur in niedriger Konzentration vorliegende Thiamin wird bei seltenen erblichen Mangel-krankheiten nicht ausreichend aufgenommen, was schwerwiegende Folgen haben kann. Bei Verabreichung hoher Dosen kann es durch Diffusion über den Darm in ausreichender Menge aufgenommen werden.

Thiamin ist hitzeempfindlich und wird daher durch Kochen weitgehend zerstört. Da es wasserlöslich ist, geht beim Kochen in Wasser zudem noch ein Teil im Kochwasser verloren. In rohem Fisch und Farnen ist das Enzym Thiaminase enthalten, das Thiamin abbaut und somit vernichtet.

Konservierungsstoffe aus der Gruppe der Sulfite (E 220 – E 228) zersetzen ebenfalls Thiamin. Für Weintrinker ist deshalb folgendes interessant: Sulfite werden als Reduktionsmittel eingesetzt. Die Kennzeichnung *Enthält Sulfite* oder *Enthält Schwefeldioxid* ist nach Art. 3 Abs. 3 der *Wein-Marktorganisations-Durchführungs-verordnung* bei Konzentrationen von mehr als 10 mg/l verbindlich vorgeschrieben. In den USA müssen Weine, die nach Mitte 1987 abgefüllt wurden, auf dem Etikett einen Hinweis auf Sulfite enthalten. Die entsprechende Regulierung in der EU gilt seit 2005. Die Kennzeichnungspflicht berücksichtigt Unverträglichkeits-reaktionen von Menschen gegen Sulfite, wie z. B. Bronchospasmen und Asthma, Anaphylaktoide Reaktionen, (allergische Reaktion des Immunsystems), Urticaria und niedrigen Blutdruck von Menschen. Auch bei Konsum geringer Mengen.

Während der alkoholischen Gärung des Weines entstehen Sulfite in geringen Mengen (10 – 30 mg/l) auf natürliche Weise. Seit dem Ende des 18. Jahrhunderts sind die antimikrobielle und die antioxidative Wirkung des Schwefels bekannt. Seit dieser Zeit ist der Zusatz von Schwefel in der weltweiten Weinherstellung fest verankert. In Wein werden Mengen an Schwefeldioxid zwischen 90 und 400 mg/l verwendet. Schwefeldioxid (SO_2) wird dem Wein gasförmig, in wässriger Lösung, als Schwefelpulver (Kaliumdisulfit), in Form von Tabletten oder wie früher, durch Ausbrennen von Fässern mit Schwefelspänen, zugesetzt. Sulfite ermöglichen Weine längere Zeit zu lagern, ohne dass sie durch Oxidation ‚umkippen' und der Genuss damit nur noch eingeschränkt oder unmöglich ist.

Außerdem verhindern sie bei restsüßen Weinen unerwünschte Nachgärungen in der Flasche, da sie Mikroorganismen, wie z. B. Hefen, effektiv behindern.
Die Zugabe von Sulfiten ist auch bei Weinen aus ökologischem Anbau zulässig. Sie muss auch dort auf der Flasche angegeben werden.
Es gibt mancherorts Bestrebungen Weine ohne Zusatz von Schwefeldioxid herzustellen. Vereinzelten konventionellen sowie auch Bioweingütern gelingt dies seit einigen Jahren mit Erfolg, was hauptsächlich der modernen Keltertechnologie zu verdanken ist.

Bei der Herstellung von weißem Mehl oder weißem Reis wird der braune Keim der Pflanze vom Rest des Samens, dem Endosperm, entfernt. Das ist nicht sinnvoll, denn der Keim enthält das gesamte Vitamin B_1 des Samens, welches zur Verbrennung der enthaltenen Kohlenhydrate benötigt wird. Im Gegensatz dazu bleibt in Vollkornmehl und braunem Reis das Vitamin B_1 weitestgehend enthalten.

Um den Verlust bei dieser Art von Verarbeitung auszugleichen wird in vielen Ländern Mehl und Reis Vitamin B_1 künstlich zugesetzt. Inzwischen verfahren 71 Länder, wie Großbritannien, USA und Kanada bei Mehl so. Nicht Deutschland.

Ca. 1 mg Vitamin B_1 pro Tag sollte man zu sich nehmen.

Laut *Bundeslebensmittelschlüssel* bzw. *Römpp Lexikon Chemie* enthalten 100 g der folgenden Lebensmittel diese Mengen (mg) Thiamin:
u. a. Weizenkeime und frische Sonnenblumenkerne ca. 2 mg, Sojabohnen, Sesam, Vollkorngetreide ca. 0,5, Erbsen, Macadamia und Schweinefleisch ca. 0,25; Haferflocken, Geflügel, Pellkartoffeln ca. 0,1 mg / 100 g.
Die schlechte Versorgung der Bevölkerung mit B-Vitaminen ist lange bekannt, insbesondere mangelt es an B_1 und B_6. Vollkornprodukte wären hier eine Abhilfe.

Ein Mangel an Thiamin resultiert in Störungen des Kohlenhydratstoffwechsels und Nervensystems (u. a. in Polyneuropathie), in Reizbarkeit und Depressionen, Müdigkeit, Sehstörungen, Appetitlosigkeit, Konzentrationsschwäche, Muskelatrophie, Blutarmut (Anämie), häufigen Kopfschmerzen, Gedächtnisstörungen (Korsakow-Syndrom), Verwirrungs-zuständen; auch Herzversagen, Ödemen, Tachykardie, niedrigem Blutdruck, Kurzatmigkeit (Dyspnoe), in verringerter Produktion von Antikörpern bei Infektionen, gestörter Energieproduktion, schwacher Muskulatur, besonders der Wadenmuskulatur. Berühmt sind die Beriberi, die Wernicke-Enzephalopathie (eine degenerative enzephaloneuropathische Erkrankung des Gehirns im Erwachsenenalter) und das Strachan-Syndrom (Störungen des Sehvermögens und peripherer Nerven).

Alzheimer-Patienten zeigen eine verminderte Glukose- und Sauerstoffverwertung im Gehirn, die mit einem Thiamin-Mangel einhergeht. Der Mangel könnte nicht nur die Folge, sondern die Ursache der Krankheit sein. Auch können erniedrigte Thiaminpyrophosphat-Werte in Blut und Gehirn als

Diagnosekriterium zur Abgrenzung von Alzheimer zu anderen Formen der Demenz verwendet werden.

Bei Tieren kann der Mangel zur Thiaminmangel-Enzephalopathie führen (bei der Katze), zur Zerebro-kortikalnekrose (bei Wiederkäuern) und zur Chastek-Paralyse (bei Pelztieren).

Thiamin besitzt eine große therapeutische Breite. Ratten haben über drei Generationen hinweg eine 100-fach über dem täglichen Bedarf liegende Dosis ohne Nebenwirkungen vertragen. Nach Verabreichung in den Muskel bzw. in die Vene wurden allerdings in Einzelfällen teils schwerste Überempfindlichkeitsreaktionen bis hin zu Atemnot und Schockzuständen beschrieben. Wegen dieser allergischen Reaktionen sollte Vitamin B_1 daher nur in Ausnahmefällen parenteral, also unter Umgehung des Darms angewendet werden. Die orale Therapie zur Vtamin B_1-Substitution ist die fettlösliche und dadurch hervorragend gewebegängige Thiamin-Prodrug Benfotiamin. Das fettlösliche Benfotiamin unterscheidet sich vom wasserlöslichen Vitamin B_1 durch die Aufnahme eines deutlich höheren Anteils im Körper (etwa 5- bis 7-mal). Aufgrund seiner hohen Bioverfügbarkeit dient Benfotiamin der Vorbeugung und der Behandlung eines Vitamin B_1-Mangels.

Zusammenfassung:

Das Vorkommen von B_1 ist nachgewiesen in *Fleisch*, insbesondere *Schweinefleisch*, in *Leber, Scholle, Thunfisch, Vollkornprodukten, Hülsenfrüchten, Kartoffeln*.

Seine Funktion ist konzentriert auf den Energie- und Kohlenhydratstoffwechsel, vor allem des Nervengewebes und der Herzmuskulatur.

Bei Mangel entstehen Störungen im Kohlenhydratstoffwechsel. Schwerer Mangel äußert sich in der Beriberi-Krankheit mit Muskelschwund und Ödemen.

5 Vitamin B$_2$ / Riboflavin

Riboflavin ist das zur Gruppe der B-Vitamine gehörende wasserlösliche Vitamin B$_2$.

Enthalten ist es in *Milch* und *Milchprodukten, Fleisch, Fisch, Eiern, Vollkornprodukten*. In der Nahrung ist Vitamin B$_2$ nur zu einem kleinen Teil in freier Form enthalten. Der Großteil ist an Proteine gebunden. Dieses gebundene Riboflavin wird im Magen aufgespalten, bevor es über den Dünndarm ins Blut gelangt.

Im menschlichen Organismus übernimmt Riboflavin eine ganze Reihe von Aufgaben. Es ist am Stoffwechsel von Kohlenhydraten, Aminosäuren, Fettsäuren, Purinen und Vitaminen beteiligt. Seine wichtigste Funktion ist die Mitwirkung an der Atemkette. Gespeichert wird Vitamin B$_2$ in der Leber. Über die Niere verlässt es den Körper wieder. Hefe enthält besonders viel Riboflavin. In Milch und Milchprodukten treten bedeutende Mengen auf. Z. B. können vier Gläser Milch den Tagesbedarf decken. In Getreide kommt Vitamin B$_2$ vor, doch hängt die Menge wesentlich vom Ausmahlgrad ab, denn Vitamin B$_2$ ist hauptsächlich im Keimling und in der Kleie enthalten, die beim Mahlen abgetrennt wird. Das Vitamin hat wichtige Aufgaben im Energie- und Proteinstoffwechsel.

Mangelerscheinungen zeigen sich in Hautrissen der Mundwinkel, Entzündungen der Zunge und der Mundschleimhaut, in Blutarmut und Wachstumsstörungen.

6 Vitamin B₃ / Niacin

Fleisch, Innereien, Fisch, Milch, Eier, Getreideprodukte, Kartoffeln enthalten dieses Vitamin.

Beteiligt ist es am Auf- und Abbau von Aminosäuren, Fettsäuren und Kohlenhydraten sowie an der Zellteilung.
Mängel treten in unseren Breiten selten auf. Sie äußern sich in Schleimhautveränderungen des Mundes, der Zunge sowie im Magen- und Darmtrakt, Hautveränderungen insbesondere an den lichtausgesetzten Stellen (Pellagra).
Pellagra ist eine Hypovitaminose als Folge von Niacinmangel, der durch Ernährung mit Mais- oder Hirseprodukten entsteht, die unbehandelt Niacin in einer Form enthalten, welche der Körper nicht verwerten kann. Wo solche Produkte die ausschließliche Nahrungsgrundlage bilden, da eine vielseitige Ernährung infolge von Armut nicht möglich ist, kann ein Niacinmangel auftreten. Allerdings nur, wenn er von Eiweissmangel begleitet wird.
Eine verwandte Erkrankung ist die vererbte Hartnup-Krankheit, bei der es zu einer Resorptionsstörung von neutralen Amino-säuren und somit zu einem Pellagra-ähnlichem Bild kommt.
Mexikaner behandeln den Mais mit Kalkwasser, wodurch das Niacin aus seiner gebundenen Form herausgelöst und damit für den Körper zugänglich wird. Deshalb ist eine Erkrankung in Mexiko selten, obwohl dort Mais das Hauptnahrungsmittel darstellt.
Vollkornprodukte hingegen enthalten ausreichend vom Körper verwendbares Niacin, weshalb Pellagra in unseren Breiten keine Rolle spielt.

Typische Symptome für einen Niacinmangel sind die ‚drei D's' *Dermatitis, Diarrhoe, Demenz.*
Sowie Glossitis, die *Schwarzzungenkrankheit.*

Bei der Dermatitis handelt es sich um eine Photodermatose. Typisch dafür ist der Casal-Kragen, ein bräunlich-rotes, meist scharf begrenztes Erythem, das pathognomonisch für Pellagra (eindeutig eine Krankheit kennzeichnend) kragenförmig am unteren Hals auftritt.

7 Vitamin B$_5$ /Pantothensäure

Pantothensäure ist beteiligt am Auf- und Abbau von Kohlenhydraten, Fetten und an der Synthese von Cholesterin, das für die Bildung der Steroidhormone gebraucht wird.

Steroidhormone sind Steroide (Derivate des Kohlenwasserstoffs *Steran*), die als Hormone wirken. Zu ihnen gehören die Sexualhormone der Keimdrüsen und die Corticosteroide der Nebennierenrinde. Die Steroidhormone der Säugetiere werden geordnet nach den Steroidrezeptoren an die sie binden: Glucocorticoide, Mineralocorticoide, Androgene, Estrogene und Gestagene.

Pantothensäure kommt insbesondere in Avocados, Bierhefe, Eiern, Fisch, Gemüse, Hülsenfrüchten, Innereien, Milch, Muskelfleisch, Nüssen (insbesondere Pinienkerne), Obst, Reis und Vollkornprodukten vor.

Ein isolierter Mangel an Pantothensäure als Hypovitaminose ist selten; vielmehr fehlen dem Körper dann meist auch andere Vitamine der B-Gruppe. Ein Mangel kann zu Müdigkeit, Schlaflosigkeit, Depressionen, tauben oder schmerzenden Muskeln, Anämie, Immunschwächen und Magenschmerzen führen.

Das sogenannte Burning-Feet-Syndrom (*burning feet* = brennende Füße) tritt nach mehrmonatigem Pantothensäure-mangel auf. Die Krankheitserscheinungen sind zuerst ein Kribbeln und Taubheit in den Zehen, gefolgt von Brennen und Stechen in den Füßen. Diese Beschwerden werden von psychischen und neurologischen Erscheinungen wie Muskelverspannung oder Nervenreizzuständen begleitet. Bekannt wurde das Syndrom während des Zweiten Weltkrieges bei Kriegsgefangenen in Burma, auf den Philippinen und in Japan, die an Pantothensäuremangel litten.

Bei monatelanger Einnahme von deutlich über 10 g Pantothen-säure pro Tag kann diese Hypervitaminose zu leichten Darmstörungen führen, bei Überdosierungen um mehr als das Tausendfache der Maximalempfehlung zu gastrointestinalen Störungen, auch zu Durchfall.

8   Vitamin B$_6$ / Pyridoxin

Vitamin B$_6$ (*Pyridoxin*) ist ein Sammelbegriff für die drei ähnlichen Verbindungen *Pyridoxamin*, *Pyridoxol* und *Pyridoxal*, die als Vorstufen des aktivierten Vitamin B$_6$ (Pyridoxal-5-Phosphat bzw. Pyridoxaminphosphat) vorkommen und sich durch ihre chemischen Seitengruppen unterscheiden.

Vitamin B$_6$ ist wasserlöslich und wird von der Schleimhaut des oberen Dünndarms durch passive Diffusion mit einer Absorptionsrate von ca. 70 % aufgenommen. Nach der Umwand-lung in die biologisch aktiven Formen, wird Vitamin B$_6$ hauptsächlich in der Leber gespeichert. Es hilft bei der Eiweißverdauung und ist an Bildung und Entgiftung von Neurotransmittern (Botenstoffen in Nervenzellen) beteiligt, auch am Aminosäurestoffwechsel, an der Blutbildung, sowie an Funktionen des Nerven- und Immunsystems.

Als Coenzym von Desaminasen, Transaminasen, Decarboxylasen und anderen Enzymen, ist Vitamin B$_6$ unerlässlich für den Um- und Abbau von Aminosäuren im Eiweißstoffwechsel. Auch an der Bereitstellung der für die Reizweiterleitung in den Synapsen nötigen, biogenen Amine, wie des Neurotransmitters Gamma-Aminobuttersäure (GABA), ist Pyridoxal-5-Phosphat beteiligt.

Vitamin B$_6$ ist also wichtig für die Synthese der Neurotrans-mitters *Serotonin*, *Noradrenalin* und *Dopamin* sowie des Gewebehormons und Botenstoffs *Histamin*. Pyridoxal-5-Phosphat aktiviert den *Fettstoffwechsel* und die Wirkung anderer Vitamine.

Schon nach etwa zwei bis sechs Wochen aber sind die Pyridoxin-Speicher des menschlichen Körpers erschöpft, weil Vitamin B$_6$ aufgrund seiner Wasserlöslichkeit nur kurzzeitig im Körper gespeichert werden kann. Beim Erhitzen von Lebensmitteln ist überdies zu beachten, dass tierische Produkte schneller ihren Vitamin-B$_6$-Gehalt einbüßen, da Pyridoxal und Pyridoxamin im Vergleich zu Pyridoxin, das überwiegend in Pflanzen vorkommt, hitzeempfindlich sind.

Da Pyridoxin jedoch nicht, wie seine beiden Derivate *Pyridoxal* und *Pyridoxamin*, direkt von der Darmschleimhaut resorbiert werden kann, ist seine Bioverfügbarkeit schlechter als jene der beiden Stoffe.

Es leichter den täglichen Vitamin B$_6$-Bedarf mit tierischen Lebensmitteln zu decken. Gerade Vegetarier und umso mehr Veganer sollten auf eine Vitamin B$_6$-haltige Ernährung achten und gegebenenfalls mit Nahrungsergänzungsmitteln substituieren.

Folgende Symptome können einen Mangel an Vitamin B$_6$ (Pyridoxin) anzeigen:

Appetitverlust, Durchfall und Erbrechen, Dermatitis (entzündliche Reaktion der Haut), Depressionen und Angststörungen, Schlafstörungen, Nervendegeneration mit Paralyse und afferenter Ataxie (Störung der Koordination von Zielbewegungen), Muskelkrämpfe in unregelmäßigen Intervallen, Mikrozytäre, hypochrome Anämie (Störung der Hämoglobin Biosynthese), Seborrhoeähnliche ‚fettige Haut' um Augen, Nase und Mund, Cheilosis (Rötung und Schwellung der Lippen) und Glossitis (Erkrankung oder Veränderung der Zunge), Wachstumstörungen

Seltene Mangelerscheinungen gibt es in Form von Hautentzündungen im Auge-Nase-Mund-Bereich, Störungen von Nervenfunktionen, Anämie.

Die verschiedenen Formen des Vitamin B_6 kommen in sehr vielen Lebensmitteln vor. Pyridoxin kommt vorwiegend in pflanzlichen, Pyridoxal und Pyridoxamin überwiegend in tierischen Nahrungsmitteln vor. In höheren Konzentrationen ist Vitamin B_6 in Hühnerfleisch, *Pflanzenkeimen, Sojabohnen* und *Leber* enthalten. Auch *Milchprodukte, Fisch* (*Sardinen, Lachs, Thunfisch, Forelle, Heilbutt* und *Hering*), *Schweinefleisch, Kohl, grüne Bohnen, Linsen, Feldsalat, Kartoffeln, Vollkornprodukte, Nüsse, Hefe, Weißbier, Avocado* und *Bananen* sind Vitamin-B_6-Quellen.

Laut DGE sollten Frauen täglich 1,6 mg und Männer 1,8 mg Vitamin B_6 über die Nahrung aufnehmen.

Allerdings wird bei höherer Proteinaufnahme mehr Vitamin B_6 benötigt, um diese Mengen an Protein zu verstoffwechseln. Menschen, die viel Eiweiße zu sich nehmen haben daher einen erhöhten Bedarf an Pyridoxin und sollten auf eine ausreichende Vitamin B_6-Versorgung achten. Pro einem Gramm aufgenommenem Protein werden laut DGE 0,02 mg Vitamin B_6 benötigt.

In seltenen Fällen wurden bei chronischer Einnahme von über 500 mg Vitamin B_6 täglich, also einer massiven Überdosierung wie sie nur durch Supplementation erreichbar ist, Photosensitivität und Neurotoxizität beobachtet. Die Neurotoxizität äußerte sich in einer peripheren, sensorischen Neuropathie mit ataktischen Gangstörungen, Reflexausfällen sowie Störungen des Tast-, Vibrations- und Temperaturempfindens. Auch das Auftreten einer Dermatitis, z. B. einer *Acne medicamentosa*, kann als Folge einer Überdosierung von Vitamin B_6 auftreten.

9 Vitamin B$_7$ / Biotin

Biotin (Vitamin B$_7$) ist etwas Besonderes. Es ist ein wesentlicher Teil des Vitamin B-Komplexes. Biotin ist eine in farblosen Nadeln kristallisierende, bei Zimmertemperatur feste Substanz. Die Verbindung löst sich wenig in kaltem Wasser, Ethanol oder verdünnten Säuren, ist jedoch in heißem Wasser und Laugen besser löslich. In den meisten organischen Lösungsmitteln ist Biotin unlöslich. Das Vitamin ist beständig gegen Luftsauerstoff oder erhöhte Temperaturen. Bei 232 – 233 °C schmilzt es. Starke Basen oder Säuren, Oxidationsmittel und UV-Licht zersetzen die Verbindung. Wässrige, neutrale Lösungen des Biotins in Wasser sind bis etwa 100 °C beständig. Bei richtiger Lagerung und Zubereitung betragen die Verluste beim Kochen pflanzlicher und tierischer Lebensmittel unter 20 %. Dieser Biotin-Kreislauf ist allerdings nicht völlig geschlossen, da sowohl Biotin als auch Biocytin in den Urin gelangen und auf diese Weise ausgeschieden werden können.

Die B-Vitamine werden insbesondere für die Funktion des Stoffwechsels, der Nerven, der Verdauung und für den Herz-Kreislauf benötigt.

Biotin wirkt zudem wie ein Coenzym im Körper und wird auch für den Stoffwechsel von Fettsäuren, Aminosäuren und Glukose benötigt: Wenn wir also Nahrungsmittel zu uns nehmen, die Fette, Proteine und Kohlehydrate enthalten, benötigen wir Biotin, das diese Makronährstoffe derart umwandelt, dass sie für Körperenergie, für körperliche Aktivitäten und für die Gehirnfunktionen verwendet werden können.

Der Nährstoff Biotin hilft uns ein junges, attraktives Aussehen zu erhalten, indem er eine wesentliche Rolle spielt, um Haare, Nägel und Haut gesund zu erhalten. Biotin wird auch manchmal als Vitamin H bezeichnet, was sich offenbar von Haar und Haut ableitet.

Auch wenn es in vielen Produkten der Haar- und Schönheits-pflege enthalten ist, sollte nicht vergessen werden, dass es keineswegs besonders gut durch die Haut absorbiert wird und daher durch den Mund eingenommen werden sollte, um alle Vorteile entfalten zu können.

Da Biotin wasserlöslich ist und im Blutstrom fließt, werden überschüssige Mengen über den Urin ausgeschieden. Der Körper baut also keine Biotinreserven auf. Man sollte es daher täglich einnehmen, um eines ausreichende Versorgung des Körpers damit sicherzustellen.

Durch Biotinmangel gefährdete Personen sind solche mit Langzeitgebrauch von Medikamenten gegen Krampfanfälle, mit langfristiger Einnahme von Antibiotika, mit ungenügender Nahrungsaufnahme aus dem Verdauungstrakt oder ernsten Verdauungsstörungen wie Morbus Crohn, Zöliakie oder Leaky-Gut-Syndrom.

Symptome für Biotinmangel sind Hautstörungen, trockene, irritierte Haut, brüchiges Haar, Haarausfall, Farbveränderungen der Haare, brüchige Nägel, Energiemangel oder chronische Erschöpfung, extreme Mattigkeit, Probleme mit dem Verdauungstrakt, Appetitlosigkeit, Übelkeit, Muskelschmerzen, Überempfindlichkeit, lokale Fehlempfindungen, Nervenschäden, Stimmungsschwankungen, Halluzinationen, Krämpfe, Prickeln in den Gliedmaßen, kognitive Beeinträchtigungen. Depressionen, Schläfrigkeit, erhöhte Cholesterinwerte, abnorm hohe Spiegel an ungeradzahligen Fettsäuren, Störungen der Herzfunktion, Blutarmut, grau-blasse Hautfarbe, Bewegungsstörungen (Ataxie, Hypotonie), sowie erhöhte Anfälligkeit für Infektionen (Kandidose, Keratokonjunktivitis, Glossitis).

Bei Tieren wurden außerdem noch weitere Effekte festgestellt, wie metabolische Veränderungen und Verfettung des Herzmuskels, Fettleber, plötzlicher Tod durch Unterzuckerung bei körperlicher Belastung, Beeinträchtigung des Immunsystems und eine schlechtere Wundheilung. Bei Hühnern senkte Biotinmangel den Biotingehalt der Eier wesentlich, was zu einer verringerten Schlupfrate und häufigen Missbildungen der Küken führte, obwohl die Anzahl der gelegten Eier unverändert blieb. Auch bei einigen Säugetierarten wurden fruchtschädigende Wirkungen des Biotinmangels beschrieben.

Was aber ist dieses geheimnisvolle Vitamin, das angeblich so viel kann, das all dies verhindern kann, und wie kann man es beziehen? Es gibt acht verschiedene Formen von Biotin, aber nur D-Biotin kommt in der Nahrung vor. Die Industrie sagt dazu, dass man auf künstliche Quellen zugreifen solle, um die Vorteile des Vitamins auszuschöpfen.

Zu den besten *natürlichen Nahrungsmittelquellen für Biotin* gehören *Leber, Eier, Hefe, Lachs, Käse, Avocado, Himbeeren, Blumenkohl, Vollkornbrot*. Auch *Beeren, Pilze* und verschiedene *Fischarten* sind gute Biotin- Quellen.

Biotin kommt nicht im Eiklar vor, sondern man findet es ausschließlich im *Eigelb*. Manche Berichte haben gezeigt, dass man bei Verzicht auf Eigelb nicht nur primär weniger B-Vitamine zu sich nimmt, sondern dass das Ei-Eiweiß die Wirkung der B-Vitamine vermindert und damit einen Vitamin B-Mangel verursachen kann.

Wer über lange Zeit, also mehrere Monate oder länger täglich rohes Eiweiß zu sich nimmt, kann dadurch einen *Biotinmangel* auslösen, da das im Eiweiß enthaltene Protein *Avidin* Biotin bindet und es damit hindert vom Körper aufgenommen zu werden.

Avidin ist ein im Hühnereiklar enthaltenes Protein, das Biotin binden kann. Es wird von Verdauungsenzymen nicht angegriffen, Erhitzen aber denaturiert das Avidin und macht es so unschädlich. Durch den Verzehr von gekochtem Eiweiß kann sich also kein Biotinmangel einstellen.

Beim Verzehr einer hinreichenden Menge von rohem Eiklar kann sämtliches Biotin im Darm von Avidin gebunden werden. Das bedeutet, dass sowohl das in der Nahrung enthaltene, als auch das von der Darmflora gebildete Biotin für den Organismus unerreichbar ist. Sobald sich die körpereigenen Reserven erschöpfen, prägen sich Symptome von Biotinmangel aus. Im Rahmen eines

Experiments mit freiwilligen Versuchspersonen begann das nach drei bis vier Wochen.

Man nutzt diese Eigenschaft des Avidins, um bei Experimenten mit Menschen oder Tieren schnell und zuverlässig einen Biotinmangel zu erzeugen.

Biotin ist ein Teil des B-Komplexes in Nahrungsergänzungs-mitteln. Diese umfassen gewöhnlich das volle Spektrum von B-Vitaminen, also Vitamin B_1, Vitamin B_6, Vitamin B_{12}, Vitamin B_2 und Vitamin B_3 (Niacin). Gemeinsam unterstützen die B-Vitamin-Komplexe u. a. die Stoffwechselaktivität, die Gehirnfunktionen und die Nervensignale. Die besten Ergebnisse erzielt man, wenn man alle B-Vitamine zusammen einnimmt.

Biotin ist nötig um Haut, Haare und Nägel gesund zu erhalten. Es hilft, die Haut vor Akne, Pilzinfektionen und Ausschlägen zu schützen. Bei Biotinmangel kommt es zu dünneren, splissenden und brüchigen Haaren oder zu Dermatitis mit trockener und irritierter Haut. Daher ist Biotin in vielen kosmetischen Gesichtscremes, Haarkuren und anderen rezeptfreien Schönheitsprodukten enthalten. Deutlich effektiver sind allerdings Biotinkapseln und Biotintabletten. Studien zufolge trägt die Einnahme von hohen Mengen an Biotin dazu bei, die Qualität von Haar und Nägeln zu verbessern. Dieser Vorteil von Biotin wurde beispielsweise entdeckt, als man Probleme mit brüchigen Hufen von Pferden beseitigen konnte.

Denn Biotin reguliert Genexpressionen, die den Stoffwechsel steuern. Zusammen mit anderen B-Vitaminen wandelt es die Nahrung, die wir essen in brauchbare Energie um:

Es wandelt Glukose aus Kohlehydraten und Zucker in brauchbaren *Treibstoff* um. Diese wesentliche Energiequelle des Körpers hilft dem Körper, mit Aminosäuren aus Proteinen vielfache Körperfunktionen auszuführen, und sie aktiviert überdies Fettsäuren von fetthaltigen Nahrungsmitteln, wie Öle oder tierische Fette.

Nur wenn der Körper für die Deckung seines Energiebedarfs Zugriff auf die Makronährstoffe der Nahrung hat, ist eine reale Stoffwechselaktivität möglich.

Bei Biotin-Mangel können Symptome eines trägen Stoffwechsels auftreten, zum Beispiel schlechte Kondition, Müdigkeit, Gewichtzunahme, Verdauungsprobleme, Entwicklung von Diabetes.

Biotin stützt das Nervensystem bei der Synthetisierung von Hormonen, welche die Stimmung regulieren, bei der Neurotransmitter-Aktivität und der Übertragung der Nervensignale. In summa beeinflussen die B-Vitamine die Gedächtnisfunktion und wirken gegen altersbedingten kognitiven Funktionsverlust, wie er bei Alzheimer oder Demenz auftritt.

Kombiniert mit Chrom unterstützt Biotin die Aktivität des von der Bauchspeicheldrüse produzierten Insulins. Dieses Peptidhormon reguliert die Aufnahme von Glukose in Körperzellen. Die aus der Nahrung (Kohlenhydrate) gewonnene Glukose wird von den Zellen aufgenommen, in Energie umgewandelt und gespeichert. So besitzt das Blut jederzeit die benötigte Menge an Glukose, und der Blutzuckerspiegel ist stabil eingestellt.

Insulin ist der natürliche Gegenspieler des Hormons Glucagon. Der Name *Insulin* ist abgeleitet von den *Inselzellen* der Bauchspeicheldrüse (*Pankreas*), die das Hormon bilden.

Biotin verringert die Bildung von Enzymen, welche die Glukoseproduktion durch die Leber stimulieren. Dadurch wird weniger Zucker in den Blutstrom freigesetzt. Es gibt also einen Zusammenhang zwischen dem Biotinniveau und der Nutzung von Glukose. Ein Risikofaktor für Diabetes. Biotin hilft damit die Symptome bereits bestehender Diabetes abzuschwächen. Einschließlich der Nervenschmerzen.

B-Vitamine, wie Vitamin B_7, spielen eine Rolle im Schutz gegen die Ursachen von Herzkrankheiten, einschließlich Entzündung den Arterien, Arteriosklerose oder Entstehung von Plaque, damit gegen Herzinfarkt und Schlaganfall.

Biotin mit Chrom kann Studien zufolge helfen den Cholesterinspiegel zu verbessern. Biotin hat positive Resultate gezeigt, das 'gute' HDL Cholesterin zu steigern und das 'schlechte' LDL Cholesterin zu verringern. Dies gilt besonders für Personen mit Diabetes, die anfällig für Herzkrankheiten sind.

B-Vitamine helfen bei der Kontrolle der Schilddrüsenaktivität und verhindern damit das adrenale Müdigkeitssyndrom. Die Schilddrüse und die Nebennierendrüse sind Meisterdrüsen, die für vielfache Körperzustände verantwortlich sind, einschließlich Hunger, Schlaf, Schmerzwahrnehmung, Stimmung und Energie. Ein Mangel an B-Vitaminen kann zu Schilddrüsen- und Nebennierenproblemen führen und somit negative Auswirkungen zur Folge haben, wie Müdigkeit, Gewichtzu- oder abnahme, auch Schlafstörungen.

Biotin hilft bei Wachstum und Erhalt von Körpergewebe, einschließlich Aufbau und Reparatur von Muskeln. Wenn Gewebe oder Muskeln aus irgendwelchen Gründen abgebaut wurden, sorgen B-Vitamine, dass die Kraft der Muskeln und des Gewebes wieder zurückkommt, was natürlich auch zu deren Wachstum führt. B-Vitamine haben antientzündliche Wirkungen, womit Gelenk- und Muskelschmerzen und Bewegungsproblemen entgegengewirkt wird.

Biotinmangel gefährdet Menschen unterschiedlich stark. Schwangere und Kleinkinder sind besonders bedroht. Bedrohlich ist ein Mangel an Biotin und anderen B-Vitaminen, wenn er bereits das Wachstum hemmt und zu falscher Entwicklung beim Fötus und beim Säugling führt. Darum ist die hinreichende Aufnahme von Biotin und allen anderen B-Vitaminen während der Schwangerschaft besonders wichtig.

Wenn der Körper nicht genügend Biotin zur Verfügung hat, kann dies gesundheitliche Probleme hervorrufen. Biotin wurde entdeckt, als man versuchte, die Ursachen für die sogenannte *Egg White Injury* herauszufinden, bei der es durch den Verzehr von rohem Ei zu Haarausfall, Hautausschlägen und neurologischen Problemen gekommen war. Werden Eier ungekocht verzehrt, bindet Avadin, eines der Proteine im Eiweiß, das Biotin, womit es für den Körper nicht verfügbar ist. Die in der Leber gefundene Substanz, die in der Lage war, die

Eiweiß-Krankheit zu verhindern oder deren Auswirkungen sogar rückgängig zu machen, war Biotin.

Diese intensive Bindung von *Avidin* und *Biotin* wird mittlerweile für verschiedene diagnostische Tests und Krebstherapien angewandt, um dadurch Molekülgruppen ausfindig zu machen und gezielt auf sie einzuwirken.

Biotinidase ist das Enzym, das benötigt wird, um Biotin aus dem Protein zu lösen, an das es gebunden ist, und es damit für den Körper verfügbar zu machen. Wenn die Enzyme fehlen, die der Körper benötigt, um Biotin aufzunehmen und zu verarbeiten, wie im Fall von erblich bedingtem Biotinidase- und Holocarboxylase Synthestase-Mangel, kann dies schwerwiegende gesundheitliche Folgen haben. Dazu gehören beispielsweise der Verlust des Hörvermögens und sogar geistige Behinderungen. Wenn ein Biotinmangel diagnostiziert wurde, sollte eine 5 bis 10 mg-Dosis Biotin als Nahrungsergänzung ausreichen, um solche Schädigungen zu verhindern oder diesen zumindest entgegen-zuwirken. Das Ausmaß der Wirkung ist – wie bei anderen dieser Mittel – nicht immer zweifelsfrei und vor allem nur selten quantitativ und kausal festzustellen.

Neben den allgemeinen förderlichen Eigenschaften für die Gesundheit wird einer Reihe von Krankheiten und Gesundheitsproblemen ein therapeutischer Nutzen von Biotin zuschrieben. Dazu gehören Krebsbehandlungen, z. B. bei Hirntumoren, Brust-, Darm- und Lymphom-Krebs, Diabetes, Herzerkrankungen, Störungen des Nervensystems, Hauterkrankungen, Wundheilung und Haarausfall.

Hier liegt also ein recht breites Anwendungsspektrum vor.

Was aber sind die Ursachen *Biotinmangel*? Eine Unterversorgung durch Ernährungsfehler entsteht zum Beispiel durch ungünstige Diäten oder den übermäßigen Verzehr von rohem Eiklar, das Biotin für den Körper unverwertbar macht. Aber auch ein hoher Nikotin- oder Alkoholkonsum kann eine Ursache für den Mangel an Vitamin B7 sein.

Ein weiterer Grund für einen Mangel an Biotin im Organismus kann eine Übersäuerung durch Störung des Säure-Basen-Gleichgewichts im Körper sein. Saures Zellmilieu kann Vitamin B_7 in seiner Funktion hemmen oder ganz zerstören. Dann steht dem Körper zu wenig Biotin zur Verfügung.

Klinische Studien haben gezeigt, dass insbesondere Schwanger-schaften oftmals den Biotin-Gehalt im Körper massiv senken. Auch hormonelle Veränderungen nach einer Entbindung, so dass Frauen einen wesentlichen Teil ihrer Kopfhaare verlieren. Auch lange Stillzeiten und die chronische Ausdünnung der Haare werden mit einem Mangel an Biotin in Verbindung gebracht. Untersuchungen belegen aber, dass durch Verabreichung von Biotin Haarverlust aufgehalten und neues Wachstum angeregt werden kann.

Laut Studien könnte die zur Behandlung von Epilepsie eingesetzte Valproinsäure (VPA) die Mitochondrien in der Leber stören und die Produktion von Biotinidase hemmen, dem Enzym, das für die Freisetzung von Biotin benötigt wird. Der daraus resultierende Biotinmangel verursacht dann den besagten

Haarausfall und auch Hautirritationen. Bei einer klinischen Studie mit 75 Patienten, die VPA nehmen mussten, stellte sich eine Verbesserung dieser Symptome ein, nachdem sie eine tägliche Biotin-Dosis von 10 mg als Nahrungsergänzung erhalten hatten.

Ein Biotinmangel kommt relativ selten vor, doch können ungünstige Ernährungsbedingungen und ebensolche Gesundheits-zustände zu einer Unterversorgung an Biotin und zu Mangelerscheinungen führen.

Folgende Fälle sind zu beachten:
Oral eingenommene Antibiotika verringern die Menge des durch Darmbakterien synthetisierten Biotins und können zu Biotin-mangel führen, zumal die meisten Lebensmittel keine guten Biotin-Quellen sind.

Auch wenn über einen langen Zeitraum krampflösende Mittel eingenommen werden kann sich das Risiko eines Biotinmangels erhöhen.

Ebenso gibt es Hinweise für einen Biotinmangel aufgrund von Diabetes.

Der Biotin-Spiegel von Dialysepatienten kann niedriger sein als jener von gesunden Menschen.

Auch können rezessiv vererbte Stoffwechselstörungen, die allgemein als multipler Carboxylase-Mangel bezeichnet werden, zu Biotinmangel führen.

Ein Großteil des Biotins, das in stark kohlenhydrathaltigem Getreide vorkommt, kann vom Körper nicht gut aufgenommen werden und besitzt daher eine geringe Bioverfügbarkeit. Eine auf Getreideprodukte konzentrierte Ernährung ohne ausreichend vielen Eiern, Fleisch bzw. Milchprodukten führt zwangsläufig zu einer Biotin-Unterversorgung.

Auch bei Menschen, die schnell abnehmen oder über einen langen Zeitraum per Infusion ernährt werden, kann sich eine solche einstellen.

Die chirurgische Entfernung des Magens oder großer Teile des Dünndarms (Kurzdarmsyndrom) führt dazu, dass diese Menschen kein Biotin mehr aufnehmen können und somit an Biotinmangel leiden.

Studien deuten darauf hin, dass niedrige Biotin-Werte bei Schwangeren verbreitet sind. Ebenso dass Biotin durch Tabakkonsum stärker aufgespalten wird, was eine grenzwertige Unterversorgung verursachen kann.

Die Symptome von Biotinmangel sind vielfältig, weil Biotin in vielen biochemischen Prozessen des Körpers wirkt.

Es gibt eine Reihe klinischer Anzeichen für einen Mangel:

Anämie (Blutarmut), Ataxie (Störung der Bewegungskoordination und Haltungsinnervation), Depressionen, erhöhte Cholesterin-werte, Erschöpfung, Haarausfall, verfärbtes und dünnes Haar, Halluzinationen, Herzfunktionsstörungen, ein beeinträchtigtes Immunsystem, Schlaflosigkeit, Appetitlosigkeit, Verlust des Hörvermögens, geistige Behinderungen, Muskelschmerzen, Muskelschwäche, Taubheitsgefühl, Brennen und Kribbeln in den Armen, Beinen, Händen und Füßen, Blässe, roter schuppiger Hautausschlag um Augen, Mund, Nase und Genitalien, Krampfanfälle und andere neurologische Probleme, eine angegriffene Zunge, ein ungewöhnlicher Geruch des Urins, Sehstörungen.

Ein Biotinmangel wirkt auf den Kohlenhydrat-, den Eiweiß- und den Fettstoffwechsel. Diese Folgen resultieren vor allem aus einer Funktionseinschränkung der biotinabhängigen Carboxylasen. Das Krankheitsbild wird deshalb allgemein als *Multipler Carboxylase-mangel* bezeichnet. Neben einem direkt hervorgerufenen Biotinmangel kommen auch Gendefekte im Biotinstoffwechsel als Verursacher infrage.

Die übermäßige Einnahme von Biotin stellt keine Gefahr dar. Bis jetzt ist nur über sehr wenige Fälle von Biotin-Toxizität berichtet worden. Der Biotin Spiegel im Blut kann jedoch beeinträchtigt werden, wenn jemand Medikamente gegen Krampfanfälle oder orale Antibiotika einnimmt oder wenn diese Person eine bekannte Verdauungsstörung hat, welche den normalen Darmbakterien-spiegel stört. Manche Medikamente, zum Beispiel das Hautmedikament Isotretinoin (Accutane), welches bei Akne verschrieben wird, können die Aktivität von Biotin reduzieren. Besonders hohe Dosierungen auch anderer B-Vitamine wie Pantothensäure, können den Biotinspiegel im Körper senken.

Allerdings können sehr hohe Dosen von Vitaminen aus Nahrungsergänzungsmitteln die Wirkung anderer Vitamine beeinträchtigen. Dies gilt für alle B-Vitamine. Daher sollten alle B-Vitamine gemeinsam mit einem Vitamin B-Komplex-Nahrungs-ergänzungsmittel eingenommen werden. Biotin wird allgemein als sicher und gut verträglich eingeschätzt. Nebenwirkungen sind nicht bekannt, sofern eine Dosierung von bis zu 10 mg/Tag nicht überschritten wird. Es gibt allerdings einige Bedenken zur Sicherheit bei höheren Biotin-Dosierungen.

Seit den 1940er Jahren ist bekannt, dass Bakterien der normalen Darmflora neben den B-Vitaminen auch Biotin produzieren und ihre Umgebung in unterschiedlichem Maße damit anreichern. Eine Folge ist, dass die Ausscheidungen mehr Biotin enthalten, als die zuvor konsumierte Nahrung.

Vermutlich wird aus dieser Quelle stammendes Biotin zum Teil vom Organismus verwertet. Wie viel ist allerdings unsicher, da es an aussagekräftigen experimentellen Studien fehlt. Daher werden die Angaben zum Biotinbedarf auf Plausibilitätsüberlegungen gestützt. Bei Säuglingen werden der Abschätzung beispielsweise der durchschnittliche Biotingehalt der Muttermilch und die tägliche Trinkmenge zugrunde gelegt.

Eine gute Bilanz an diesem Vitamin ist beim gesunden Menschen mit normaler Ernährung kein Problem.

Da der überwiegende Teil des in der Nahrung enthaltenen Biotins nicht in freier Form, sondern proteingebunden vorkommt, ist selbst nach vollständiger Proteolyse von Nahrungsproteinen die Wirkung der Biotinidase für die Freisetzung und Aufnahme von Biotin erforderlich. Daneben kommt der Biotinidase innerhalb des Blutkreislaufs noch eine speichernde Funktion zu, da sie Biotin in gewissem Maße an sich bindet und so vor Ausscheidung durch die Niere schützt.

Für die Aufnahme des Biotins aus dem Darm und dessen Weitergabe in die Körpergewebe sind Transporterproteine verantwortlich, von denen aber bislang nur der Natriumabhängige Multivitamintransporter (SMVT) allgemein als identifiziert gilt. Bei Biotinmangel können durch vermehrte Bildung von SMVT die Aufnahme aus dem Darm und die Rückgewinnung aus den Nierentubuli intensiviert werden.

Patienten mit Kurzdarmsyndrom, die auf intravenöse Ernährung angewiesen sind, können innerhalb von Monaten Mangelsymptome aufweisen, falls die Infusionen kein Biotin enthalten haben. Bei Säuglingen geht das noch deutlich schneller.

Neben Verkürzungen des Dünndarms gehören auch Schädigungen der Darmflora zu den Risikofaktoren. Schon die längerfristige Einnahme von Antibiotika kann zu einem Biotinmangel führen. Auch chronischer Alkoholismus geht mit einer Verarmung des Körpers an Biotin einher.

Ein Biotinmangel, der lediglich durch biotinarme Kost verursacht wurde, ist beim Menschen kaum beschrieben. Eine Ausnahme bilden Säuglinge, die über längere Zeit eine aus Einzelnährstoffen zusammengestellte Fertignahrung erhielten, in der Biotin nicht enthalten war.

Bei manchen Tieren wie Hühnern oder Truthühnern kann durch Vergabe von biotinarmem Futter allerdings relativ leicht ein Biotinmangel eintreten.

Bei manchen Nierenkranken, die sich über längere Zeit einer Dialyse-Behandlung unterziehen mussten, wurde Biotinmangel gefunden. Auch Antikonvulsiva scheinen den Biotinhaushalt so zu beeinflussen, dass sich dadurch ein mehr oder weniger starker Biotinmangel ausprägt.

In der Schwangerschaft findet man bei ungefähr einem Drittel der Frauen biochemische Veränderungen, die auf einen leichten Biotinmangel hindeuten. Äußerlich in Erscheinung tretende Symptome entstehen dadurch normalerweise nicht. Man vermutet, dass Biotin in der Schwangerschaft schneller abgebaut wird, da im Urin von Schwangeren weniger Biotin, aber erhöhte Konzentrationen seiner Metaboliten (Zwischenprodukte) gemessen werden.

Zusammenfassung:

Alles spricht dafür, dass die therapeutische Breite sehr groß ist. Bisher sind beim Menschen jedenfalls keine schädlichen Wirkungen von Biotin bekannt. Bei Patienten mit verschiedenen Störungen des Biotinstoffwechsels existieren langjährige Beobachtungen zur Einnahme von täglich bis zu 10 mg Biotin pro Kilogramm Körpergewicht. Negative Auswirkungen einer hohen Biotindosis wurden dabei nicht beobachtet. Vielmehr wiesen aber Patienten irreversible Schäden, wenn die Behandlung mit Biotin *zu spät* einsetzte.

Die Übertragung solcher Ergebnisse von Stoffwechselkranken auf Gesunde ist freilich nicht ohne weiteres möglich.

10 Vitamin B$_9$ / Folsäure

Folsäure (Folat) gehört zur Gruppe der B-Vitamine und spielt eine wichtige Rolle bei Wachstum und Vermehrung von Zellen, auch für die Bildung von Erythrozyten und Leukozyten (rote und weiße Blutkörperchen) im Nervengewebe, bei der Blutbildung, sowie beim Protein-und Homocysteinstoffwechsel.

Deshalb ist Folsäure in der Schwangerschaft besonders wichtig. Wird die werdende Mutter nicht ausreichend mit Folsäure versorgt, so kann die Entwicklung des Embryos gestört sein, was mit schweren Fehlbildungen von Wirbelsäule, Rückenmark, zentralem Nervensystem und Gehirn einhergehen kann. Man spricht dann von einem *Neuralrohrdefekt* des Kindes.

Homocystein, eine Aminosäure, spielt hier eine Rolle. Sie ist vor allem in Fleisch und Milchprodukten enthalten und stellt einen Risikofaktor für Atherosklerose und koronare Herzerkrankungen dar. Homocystein wird normalerweise rasch abgebaut, wobei Vitamin B$_6$, B$_{12}$ und Folsäure maßgeblich als Kofaktoren beteiligt sind.

Zu niedrige Folsäure-Werte im Alter gelten als Risikofator für Atherosklerose, da sie die Ursache für eine erhöhte Homocystein-Konzentration sind. Allerdings wurde in Studien gezeigt, dass die Gabe von Vitamin B$_6$, B$_{12}$ und Folsäure die kardiovaskulären Ereignisse wie Tod, Herzinfarkt und Schlaganfall bei nicht senken konnte.

Gemüse (Tomaten, Spinat, Kohlsorten, Gurken), Orangen, Weintrauben, Vollkornbackwaren, Weizenkeime, Kartoffeln, Fleisch, Leber, Milch, Milchprodukte, Eier, Sojabohnen sind Folsäurelieferanten.

In der Schwangerschaft steigt der Bedarf an Folsäure um etwa 50%. Der Nährstoff ist für Zellteilung und Wachstum des ungeborenen Kindes von Anfang an unentbehrlich. Frauen mit Kinderwunsch wird daher schon vor der Empfängnis und in den ersten zwölf Schwangerschaftswochen empfohlen, zusätzlich zu einer Folat-reichen Ernährung täglich mindestens 400 µg (Mikrogramm) Folsäure/Folat (in Tablettenform) einzunehmen.

Zur Auswahl stehen Monopräparate, welche ausschließlich Folsäure enthalten, sowie Kombinationspräparate mit den Vitaminen B$_6$ und B$_{12}$. Auch können den Präparaten weitere Vitamine und Mineralstoffe (z. B. Jod) zugesetzt sein. Ein Zusatz von Vitamin B$_6$ und B$_{12}$ zu den Folsäurepräparaten ist angebracht, zumal in der Schwangerschaft und in der Stillzeit der Bedarf auch an diesen Nährstoffen erhöht ist. Zudem ist Vitamin B$_{12}$ essenziell, um Folsäure im Körper in seine aktive Form überzuführen.

Bei Kinderwunsch ist es für Männer angezeigt, auf den Folsäurestatus zu achten. In einer Studie wurde der Zusammenhang zwischen der Folsäureaufnahme und der Spermienqualität untersucht. Es zeigte sich, dass Männer, die täglich zwischen 800 µg und 1.100 µg Folsäure über die Nahrung und Nahrungsergänzungsmittel konsumierten, im Vergleich zu Männern mit einer täglichen Aufnahmemenge unter 330 µg 20 % weniger genomgeschädigte Spermien aufwiesen.

Folate sind in Lebensmitteln pflanzlicher Herkunft (v. a. in Blattgemüse, Hülsenfrüchten und Vollkornprodukten) und tierischer Herkunft (v. a. in Leber, Eidotter und Weichkäse) enthalten. Folate aus Lebensmitteln tierischen Ursprungs werden vom Körper eher besser verwertet, als solche pflanzlichen Ursprungs. Die besten Träger sind Weizenkeime mit 271 µg (Mikrogramm)-Folsäureäquivalent pro 100 g, Grünkohl mit 187 µg-Folsäureäquivalent, Linsen mit 181 µg, Weizenkleie mit 159 µg, Spinat 134 µg, Eidotter 127 µg, Endiviensalat 116 µg-Folsäureäquivalent und Rinder- und Schweineleber mit 108 µg-Folsäureäquivalent auf 100 g.

Es gibt Lebensmittelinhaltsstoffe (z. B. Ballaststoffe), welche die Aufnahme von Folaten aus einer gemischten Kost vermindern können. Daher wird die mittlere Bioverfügbarkeit von Nahrungsfolaten aus gemischter Kost bei 50% angesetzt. Das bedeutet, dass nur 50% der ursprünglichen Menge an Folsäure wirklich vom Körper aufgenommen werden können. Die Angaben über fördernde und hemmende Einflüsse von Lebensmittel-inhaltsstoffen auf die Folsäureversorgung sind uneinheitlich. Beispielsweise soll Ascorbinsäure (Vitamin C) durch seine schützende Wirkung auf die Folsäurestabilität die Bioverfügbarkeit der Folsäure verbessern.

Um möglichst viel Folsäure über die Nahrung aufzunehmen, sollten viel Gemüse, Vollkornprodukte, Hülsenfrüchte und gelegentlich Eier und Innereien wie Leber auf dem Speiseplan stehen. Da Folsäure hitzeempfindlich und wasserlöslich ist, können das schonende Garen in wenig Wasser, wie Dämpfen und Dünsten, sowie der Mitverzehr des Kochwassers dazu beitragen, die Vitaminverluste durch die Zubereitung zu minimieren. Da der Folsäuregehalt der Lebensmittel auch durch die Lagerung abnimmt, sollte man Gemüse am besten frisch kaufen bzw. ernten und – wenn möglich – roh verzehren.

Folsäure lässt sich direkt im Blutserum messen. Diese Konzentration hängt jedoch sehr stark von der letzten Nahrungsaufnahme ab. Der Patient muss daher nüchtern zur Blutabnahme kommen, das heißt, er darf vor der Untersuchung zwölf Stunden nichts essen und trinken. Die Folatkonzentration im Serum gibt eher die kurzfristige Versorgungssituation an, durch die Messung der Folatkonzentration in den Erythrozyten kann sie zuverlässiger beurteilt werden.

Zusammenfassung:

Der Folsäure-Wert wird bestimmt bei Langzeittherapien mit Antiepileptika (Medikamente gegen Epilepsie), bei der Therapie mit Medikamenten gegen Krebs, bei Mehrlingsschwangerschaften, bei Unterernährung, bei Blutarmut aufgrund von Folsäuremangel, bei Langzeitdialysen und bei Alkoholismus.

11 Vitamin B$_{12}$ / Cobalamin

Cobalamin ist ein wasserlösliches Vitamin im Vtamin B-Komplex. Es wird von Bakterien synthetisiert und ist ein essentieller Nahrungsbestandteil. Es findet sich unter anderem in Fleisch, Eiern und Milchprodukten. In herkömmlicher pflanzlicher Nahrung ist es nicht vorzufinden, kann aber durch bakteriell erzeugte Ergänzungsprodukte in Form von Methyl- oder Cyanocobalamin supplementiert werden.

Der tägliche Mindestbedarf beträgt ca. 2 - 3 µg. Die Leber speichert bis zu 2 mg, weitere 2 mg können in anderen Geweben, vor allem in der Muskulatur, gespeichert werden.

Der Serumspiegel für Cobalamin ist stark abhängig von den Ernährungsgewohnheiten und liegt bei Vegetariern deutlich niedriger als bei Nicht-Vegetariern. Ein Cobalamin-Mangel führt aufgrund der großen Speicherfähigkeit erst nach 1 - 2 Jahren zu klinischen Symptomen.

Die alleinige Messung und Betrachtung des Gesamt-Vitamin B$_{12}$ gibt keine zuverlässige Auskunft darüber, ob ein Mangel an Vitamin B$_{12}$ vorliegt. Gute Frühindikatoren für einen Vitamin B$_{12}$-Mangel sind erhöhte Spiegel von Homocystein und Methylmalonsäure im Serum, sowie der MCV-Wert.

Ein Vitamin B$_{12}$-Mangel äußert sich durch Störungen der Blutbildung (Perniziöse Anämie) und durch neurologische bzw. neuropsychiatrische Symptome. Die Funikuläre Myelose beschreibt eine ausgeprägte neurologische Form, die durchaus auch ohne begleitende Makrozytäre Anämie auftreten kann. Unter der Funikulären Myelose subsumiert man eine Degeneration des Spinalen Hinter- und Seitenstranges und eine Polyneuropathie, ausgelöst durch einen Vitamin B$_{12}$-Mangel. Selten liegt dabei eine Vitaminmangelernährung vor, meist handelt es sich um eine Resorptionsstörung, die durch einen Mangel an Intrinsic factor bedingt ist.

Ursachen hierfür sind Schleimhautatrophien im Bereich des Magenfundus, Entzündungen im terminalen Ileum (des distalen, also von der Körpermitte entfernten Abschnitts des Dünndarms), gastrointestinale Resektionen oder chronische Pankreas-erkrankungen.

Der Intrinsic Factor ist ein in den Parietalzellen der Magenmukosa gebildetes Glykoprotein, das mit dem aus der Nahrung aufge-nommenen Vitamin B$_{12}$ (Cobalamin) einen Komplex bildet und dadurch dessen Resorption ermöglicht.

Zusammenfassung:

Vorkommen: Das Vitamin kommt fast nur in tierischen Lebensmitteln vor: *Leber, Fleisch, Fisch, Milch, Eier*. Auch in pflanzlichen Lebensmitteln, die mittels Gärung hergestellt wurden (z. B. *Sauerkraut*).

Aufgaben: Abbau einzelner Fettsäuren, Blutbildung.

Mangelerscheinungen: Blutarmut (Anämie), Dauerschädigungen des Rückenmarks.

12 Vitamin C / Ascorbinsäure

Vitamin C ist an sehr vielen Vorgängen im menschlichen Körper beteiligt und erfüllt dort wichtige Aufgaben.
Der Bedarf an Vitamin C wird im allgemeinen mit nur 100 mg angegeben, was sehr wenig ist. Wenn Sie jedoch eine gesunde Ernährung mit viel Obst und Gemüse praktizieren, werden Sie automatisch auf höhere Werte gelangen. Auch ganzheitliche Nahrungsergänzungen wie Acerolapulver oder Sanddornsaft helfen täglich ausreichend Vitamin C zu tanken.

Vitamin C ist ein wirksames Antioxidationsmittel. Es fängt freie Radikale im Blut, im Gehirn, in den Körperzellen und direkt im Zellkern ab und macht sie damit unwirksam. Wir pflegen zu sagen ‚unschädlich', ohne allerdings genau zu wissen, was alle ihre Wirkungen sind.

Vitamin C wirkt damit als Gefässschutz. Es wirkt vorbeugend bei allen mit Arteriosklerose verbundenen Krankheiten (Bluthochdruck, Angina pectoris, Herzinfarkt, Schlaganfall, Herzattacken), da es das Blut dünnflüssig hält und somit den Blutfluss normalisiert. Darüber hinaus hält es die Innenwände der Arterien glatt, so dass sich Cholesterin und andere ungünstige Substanzen nicht anlagern können.
Vitamin C kräftigt das Bindegewebe, indem es Eiweiss und andere Substanzen zu Kollagenfasern verschweißt. Kollagen sorgt für die Elastizität von Haut, Bändern, Sehnen und Blutgefäßen. Auch für die Festigkeit von Zähnen und Knochen. Narbengewebe besteht ebenfalls aus Kollagen, weshalb Vitamin C auch für die Wundheilung bedeutend ist.
Vitamin C verbessert die Calcium- und Eisenaufnahme, da Calcium und Eisen werden in Verbindung mit Vitamin C besser aufgenommen. Das in Milz und Darmwänden gelagerte Eisen wird durch das Vitamin C wieder in die Blutbahn gebracht und kann dort zum Sauerstofftransport und zur Stärkung des Immunsystems nutzbar gemacht werden.
Vitamin C reguliert Hormonausschüttung, es ermöglicht die Ausschüttung von Hormonen wie Sexualhormone, Schilddrüsen-hormone, Stresshormone und Wachstumshormone.
Vitamin C entgiftet den Körper, indem es die Leberenzyme aktiviert, die für den Abbau von Giftstoffen verantwortlich sind. Dadurch kann es Gifte wie Cyanide, Formaldehyd und Acetaldehyd, Nitrosamine und Nikotin unschädlich machen. Darüber hinaus regt es die Fettverbrennung in der Muskulatur an, steigert die Reaktionsbereitschaft, die Konzentration und die Entspannung.
Was nun sind die Vitaminquellen: Da der menschliche Organis-mus Vitamin C nicht wie die Pflanzen und Tiere, außer Schimpansen und Meerschweinchen, selbst herstellen kann, muss es über die Nahrung zugeführt werden.

Die besten Vitamin C-Quellen sind frisches Obst und Gemüse. Unser Körper profitiert am meisten vom Vitamin C-Gehalt gerade dieser Lebensmittel, wenn wir sie in rohem Zustand und möglichst bald nach der Ernte verzehren, da sowohl bei der Lagerung, bei der Konservierung und erst recht beim Erhitzen erhebliche Anteile an Vitamin C verloren gehen.

In Obst und Gemüse ist das Vitamin C an Mineralien und an die Bioflavonoide Hesperidin und Rutin gebunden, die unter anderem auch als natürliche Säurepuffer fungieren und das Vitamin trotz seines hohen Säuregehaltes sehr gut verträglich machen. Darüber hinaus erhöhen sie die Vitamin C-Aufnahme im Körper um bis zum Zwanzigfachen. Je reifer die Pflanze ist, umso mehr Vitamin C enthält sie. Auch die beste nachträgliche Reifung kann dies nicht erreichen.

Für Menschen, die nicht genügend Obst und Gemüse zu sich nehmen, oder für diejenigen, die bereits einen Nährstoffmangel aufweisen kann es sinnvoll sein, das Vitamin C in natürlicher Form als Nahrungsergänzung zuzuführen, zum Beispiel als Vitamintaler aus der Acerola-Kirsche oder als Sanddornsaft, die beide sehr reich an diesem überaus wichtigen Vitamin sind. Auch Sauerkrautsaft besitzt viel Vitamin C und ausserdem noch das fürs Zentralnervensystem wichtige Acetylcholin. Auch Vitamin C Kapseln natürlichen Ursprungs sind eine gute Vitamin C-Quelle.

Auf die synthetisch hergestellte Ascorbinsäure sollte man möglichst verzichten, da das Vitamin C in dieser Form isoliert in den Körper gelangt - ohne seinen natürlichen Verbund, sowie ohne jegliche natürliche Information über eine wirksame Kopplung. Zudem wirkt dieses Säure äusserst aggressiv auf die empfindlichen Schleimhäute entlang des Verdauungssystems.

Zum Puffern der Säure muss der Körper überdies eigene Mineralstoffe zur Verfügung stellen, was auf Dauer zu einer Entmineralisierung führen kann. Wenn das Vitamin C doch als chemisches Präparat verwendet wird, sollte daher unbedingt darauf geachtet werden, dass es in abgepufferter Form, zum Beispiel als Calcium- oder Natriumascorbat, oder als Kapsel eingenommen wird, die sich erst im Dünndarm auflöst.

Eher geringe Mengen einzunehmen ist vorteilhaft, da der Körper dieses Vitamin nicht speichern kann und Überschüsse über den Urin ausschwemmt. Wenn der Körper aber sehr große Mengen an Vitamin C zu sich nimmt, wie es in der Werbung oft empfohlen wird, können die Ausscheidungsorgane überfordert sein. Mögliche Folgen können dann Übelkeit, Bauchkrämpfe und Durchfall sein.

Auch können Nierensteine entstehen, allerdings treten diese meist bei Patienten mit einer Neigung zu Gicht oder bereits vorhandenen Nierenproblemen auf.

Bei Zufuhr von Vitamin C in natürlicher Form über Obst und Gemüse oder als Nahrungsergänzungsmittel natürlichen Ursprungs kann eine Überdosierung kaum erfolgen.

Zusammenfassung:

Vorkommen: Schwarze Johannisbeeren, Zitrusfrüchte, Paprika, Brokkoli, Fenchel, Stachelbeere.

Aufgaben: Antioxidative Wirkung (Zellschutz)Bildung von Bindegewebe, Wundheilung.

Mangelerscheinungen: Erhöhte Infektanfälligkeit, schlechte Wundheilung, Skorbut (schwerster Mangel), Zahnfleischbluten, Blutungen in der Haut, den Schleimhäuten, der Muskulatur und den inneren Organen.

Raue, braune, schuppige und trockene Haut, lockere Zähne, Gelenk- und Gliederschmerzen, Schwäche, Müdigkeit, Leistungsminderung, Depressionen.

13 Vitamin D

Man findet es in Fettfischen (*Hering, Makrele, Lachs*), in *Leber, Margarine* und *Eigelb*.

Das fettlösliche Vitamin übernimmt viele Aufgaben in unserem Organismus. Es sorgt für die Regulation des Calcium- und Phosphatstoffwechsels und ist damit an der Knochenbildung beteiligt.

Sein Mangel allerdings führt zu einer Störung der Knochenbildung, zur Entkalkung, zu Rachitis bei Kindern. Erwachsene leiden bei einem schweren Vitamin D-Mangel an Osteomalazie, also einer Störung des Knochenstoffwechsels in Form einer Demineralisation und Erweichung der Knochen. Typische Symptome sind zum Beispiel Muskelschwäche und Knochenschmerzen. Das Osteoporoserisiko steigt. Bei Kindern droht Rachitis, es kann zu Verformungen der Knochen, auch des Schädels kommen.

Aus Studien ergaben sich Hinweise, dass Vitamin D wichtig für die Herz-Kreislauf-Gesundheit ist und dass es überdies das Risiko für Diabetes und einige Krebsarten senken könnte. In anderen Untersuchungen konnen diese Effekte nicht belegt werden.

Vitamin D hat eine Sonderstellung unter den Vitaminen. Mit Hilfe von Sonnenlicht kann es der Körper selbst bilden. Wie viel Vitamin D der Körper selbst herstellen kann, hängt von zahlreichen Faktoren ab, zum Beispiel vom Wohnort, vom Sonnenstand, vom Alter, von den Lebensgewohnheiten und nicht zuletzt vom Hauttyp. Bei Menschen, die sich regelmäßig im Freien aufhalten, produziert unsere Haut, unter den hierzulande typischen Lebensbedingungen, 80 bis 90 % des Bedarfs an Vitamin D. Dafür muss man sich täglich nicht lange in der Sonne aufhalten.

Damit der Körper durch die Sonneneinstrahlung genügend Vitamin D produziert, reicht es in Deutschland in den Sommer-monaten, wenn ein Erwachsener 5 bis 25 Minuten am Tag Sonne tankt (je nach Hauttyp, Monat und Tageszeit), so sagt das Bundesinstitut für Risikobewertung. Dabei sollte ein Viertel der Körperoberfläche – etwa Gesicht, Hände und Teile von Armen und Beinen – Sonne abbekommen.

Die fehlenden 10 bis 20 % des Vitamin D-Bedarfs kann der Mensch über die Ernährung decken. Allerdings kommt Vitamin D nur begrenzt in Lebensmitteln vor. Am höchsten ist die Konzentration in fetten Fischsorten, beispielsweise *Lachs, Hering* oder *Makrele*. Auch *Leber, Eigelb* und einige *Speisepilze* enthalten Vitamin D.

Wie groß der Tagesbedarf an Vitamin D wirklich ist, der über die Nahrung gedeckt werden muss, lässt sich nicht generell sagen. Der Großteil der deutschen Bevölkerung hat zwar keinen Vitamin-D-Mangel, doch könnten fast 60 Prozent der Bundesbürger ihren Vitamin-D-Spiegel durchaus etwas erhöhen, um eine präventive Wirkung des Vitamins einzustellen.

Ältere Menschen leiden eher an einem Vitaminmangel, da die Vitamin D-Bildung mit den Jahren abnimmt. Außerdem halten sich ältere Menschen nur selten draußen und bedecken überdies ihren Körper. Das gleiche gilt für Dunkelhäutige. Unter Umständen müssen die Betroffenen Vitamin D in Tablettenform zuführen. Für Säuglinge empfehlen Kinderärzte in der Regel eine vorbeugende Nahrungsergänzung zum Schutz vor Knochenerweichung (Rachitis). Zur individuell passenden Dosierung berät Sie Ihr Arzt.

Eine Überdosierung hingegen durch zu starke Sonnenbestrahlung oder gesteigerten Verzehr natürlicher Vitamin D-Lieferanten ist unwahrscheinlich. Möglich ist eine Überdosierung nur bei exzessiver Einnahme von Vitamin D-Präparaten. Folgen einer solchen Überdosierung können die Bildung von Nierensteinen oder eine Nierenverkalkung sein. Daher sollten Erwachsene insgesamt nicht mehr als 100 Mikrogramm Vitamin D pro Tag über die Nahrung oder Nahrungsergänzungsmittel zu sich nehmen. Kinder bis 10 Jahre sollten maximal 50 Mikrogramm pro Tag aufnehmen.

Wichtig:

Lassen Sie sich vom Arzt oder Apotheker beraten, bevor Sie zu Vitaminpräparaten greifen. Nicht immer ist eine Nahrungsergänzung sinnvoll. Eine Überdosierung oder falsche Kombination von Präparaten könnte womöglich mehr schaden als nutzen. Für Schwangere gelten die Empfehlungen des Frauenarztes.

14 Vitamin E

Der Nutzen dieses Vitamins ist mit einigen Unsicherheiten behaftet, was in der nachfolgenden ausführlichen Darstellung zum Ausdruck kommen soll. Dennoch gilt sein Nutzen als gesichert. Derartige Unsicherheiten sind nicht spezifisch für dieses Vitamin, sondern spielen in vielen anderen Komponenten der Ernährung eine nicht zu unterschätzende Rolle.

Unter Vitamin E wird eine Gruppe der E-Vitamine von Mikronährstoffen verstanden, die sich in *Tocopherole* und *Tocotrienole* teilt. Die beiden Hauptformen der Tocopherole sind das *Alpha-Tocopherol* und das *Gamma-Tocopherol*, wobei nur das *Alpha-Tocopherol* als die für den menschlichen Bedarf lebenswichtige Form von Vitamin E angesehen wird. Zu Vitamin E bzw. den *Tocochromanolen* gehören acht ähnliche Verbindungen, die in Pflanzen enthalten sind.

Vitamin E ist nach allgemeingültiger Meinung von Ernährungs-beratern für die menschliche Gesundheit und Vitalität von entscheidender Bedeutung: in seiner Wirkung als kraftvolles Antioxidans bremst es den Alterungsprozess, schützt Herz und Arterien, steigert angeblich die Fruchtbarkeit und stärkt das Immunsystem, und deshalb ist es bei der präventiven Bekämpfung verschiedener chronischer Krankheiten populär geworden. Trotzdem schaffen es Studien zufolge nur 50 Prozent der Bevölkerung ihren täglichen Vitamin E Bedarf über die Nahrung zu decken.

Da Vitamin E vom Körper nicht selbst hergestellt werden kann, muss dieser lebenswichtige Vitalstoff über die Nahrung zugeführt werden. Ob das der Grund für die Unterdeckung der Bevölkerung sein kann, ist nicht geklärt.

Der Körper nimmt Vitamin E über *Nüsse, Samen* und *Pflanzenöle* sowie *grünes Blattgemüse* und *Getreide* auf. Auch wenn Vitamin E ein lebensnotwendiger Nährstoff ist, muss es nicht täglich aufgenommen werden, da es im fetthaltigen Gewebe des Körpers eingelagert werden kann.

Zurück zum Tocopherol: Es gibt vier Tocopherol-Verbindungen: Alpha-, Beta-, Gamma- und Delta-Tocopherol.

Bei Tocopherolen handelt es sich um *Lipide* (Fette), die sich in der Molekularstruktur ihrer gesättigten Seitenketten unterscheiden. *Alpha-* und Gamma-Tocopherol finden sich im Serum und in den roten Blutkörperchen. Beta- und Delta-Tocopherol im Plasma.

Tocopherole können *Sauerstoffradikale* (reaktive Sauerstoffspezies, ROS) derart neutralisieren, so dass letztlich wichtige ungesättigte Fettsäuren nicht oxidiert werden. Aufgrund dieser starken antioxidativen Wirkung wird davon ausgegangen, dass sich Tocopherole günstig auf eine Reihe von Krankheiten wie *Entzündungen, Krebs* und *degenerative Erkrankungen* auswirken. Wobei man sich hier auf ⊟Tocopherol zu beschränken hat. Forschungsergebnisse weisen darauf hin, dass dieses Alpha-Tocopherol die Prävention fördern und die Behandlung von Herz-Kreislauf-Erkrankungen begünstigen könnte.

Alpha-Tocopherole schützen Lipoproteine mit niedriger Dichte (LDL), mit deren Hilfe der Körper Cholesterin durch die Blutbahnen transportiert. Wenn LDLs oxidieren, kann dies die Entstehung von Herz-Kreislauf-Erkrankungen begünstigen.

Man nimmt an, dass natürliche Tocopherol-Mischungen mit hohem Gamma-Tocopherol-Gehalt besser vor Krebs schützen, als solche die mit Alpha-Tocopherol angereichert sind.

Was zumindest nicht direkt einleuchtet, doch zumindest theoretisch interessant ist: es gibt vier Tocotrienol-Verbindungen – Alpha-, Beta-, Gamma- und Delta-Tocotrienol – deren Grundstruktur jener von Tocopherolen entspricht. Der einzige Unterschied besteht im Aufbau der ungesättigten Seitenketten. Jene der Tocotrienolen sind eher als jene der Tocopherolen in der Lage, bis in das Gehirn und die Leber vorzudringen, wo sie auf das Gewebe beider Organe einzigartige, wichtige physiologische und angeblich auch positive Funktionen ausüben.

Tocotrienole sind stark antioxidativ, wirksam gegen Krebs, und sie senken Cholesterin. Forscher haben überdies herausgefunden, dass sie entzündungsfördernde Signale unterdrücken und deshalb bei der Bekämpfung von Entzündungen helfen können.

Tocotrienole haben sich auch gegenüber einer Reihe unterschiedlicher Giftstoffe im Gehirn als neuroprotektiv erwiesen, also das Nervensystem schützend. Insbesondere geht man nun aufgrund von Forschungsergebnissen davon aus, dass Tocotrienole beim Schutz der Gehirnzellen vor Schlaganfall-induzierter Degeneration eine Schlüsselrolle einnehmen.

Bemerkenswert ist die gemeinsame Wirkung von Vitamin E und Vitamin C: Vitamin C kann oxidiertes Vitamin E regenerieren, aber nur wenn genügend viel Vitamin C vorhanden ist. Das Zusammenspiel dieser beiden Vitamine hat sich beispielsweise bei der Reduzierung von oxidativem Stress, wie er durch starke Anstrengung ausgelöst wird und dabei mit einer Schädigung der Skelettmuskulatur einhergehen kann, als nützlich erwiesen. Auch kann diese Kombination UV-Schäden und Sonnenbrand, wie sie durch Sonnenstrahlung entstehen, hemmen und somit das Risiko der Hautalterung und das Hautkrebsrisiko verringern.

Offenbar ist Vitamin E ein Wunderding: Es ist ein *starkes Antioxidans*, schützt also die Zellen vor oxidativem Stress und vor Lipidperoxidation (Einpressung eines Sauerstoffmoleküls zwischen das Wasserstoffatom und den anderen Teil, aus dem ein Molekül besteht, womit Schäden an zellulären Membranen entstehen und damit u. a. Hautalterung). Es ist *entzündungs-* und *krebskrebshemmend*, fördert die Einstellung eines gesunden *Cholesterinspiegels*, bewahrt vor *Kreislauf-Erkrankungen* und *Diabetes*, schützt die *Gehirnzellen* und stärkt das *Immunsystem*.

Vitamin E ist wichtig für werdende und stillende Mütter, bei prämenstruellem Syndrom, Fettabsorptionsstörungen, Altersdemenz, Abwehrschwäche, Stress, dauerhafter Einnahme von Medikamenten (z. B. Anti-Baby-Pille), für die

Verbesserung der Rekonvaleszenz von Kranken, für Diabetiker, bei einseitiger Ernährung, Erkrankung der Galle oder der Bauspeicheldrüse, für Sportler und für Raucher.

Die wichtigste Funktion von Vitamin E im menschlichen Körper ist seine Wirkung als Antioxidans. Es neutralisiert die freien Radikale, die im Körper durch Stoffwechselvorgänge oder durch Umwelteinflüsse entstehen. Integriert in die Membranen der Zellen schützt Vitamin E die Körperzellen vor der Zerstörung durch Oxidation.

Vitamin E beeinflusst die Blutgerinnung, schützt vor Ablagerungen in den Blutgefäßen und Blutgerinnseln und vor *Arteriosklerose*, es wirkt entzündungshemmend und ist auch am Stoffwechsel von Nuklein-, Amino- und Fettsäuren beteiligt.

Arteriosklerose ist eine Gefäßerkrankung, bei der sich in den Arterien Ablagerungen bilden. Ein hoher Cholesterinspiegel und Bluthochdruck tragen zur Bildung von Ablagerungen bei, wodurch sich die Arterien verhärten und verengen. Arteriosklerose ist eine häufige Ursache für Herzinfarkte und Schlaganfälle.

Ein zentraler Faktor bei der Entstehung und Entwicklung von Arteriosklerose ist oxidativer Stress. Sauerstoffradikale liegen den Anfängen entzündlicher Prozesse zugrunde, die zur Bildung von Ablagerungen führen und schließlich die gesundheitlichen Komplikationen verursachen, unter denen man letztlich leidet. Oxidation spielt bei der Arteriosklerose eine zentrale Rolle. Vitamin E kann die Resistenz gegenüber der Oxidation erhöhen und helfen die Bildung von Ablagerungen zu verhindern. Diese enorm wichtige Erkenntnis beruht auf Studien an Menschen aus dem Mittelmeerraum, die für ihre Vitamin E-reiche Ernährung bekannt sind.

Vitamin E-Mangel führt zu Konzentrationsschwäche, Muskel-schwäche, erhöhter Infektanfälligkeit, Sehschwäche, welker Haut, Altersflecken, Müdigkeit, Entzündungen und Wundheilungs-störungen, Unfruchtbarkeit, sowie Herz-Kreislauf-Erkrankungen.

Die ergänzende Aufnahme von Vitamin E konnte darüber hinaus nachweislich die Risikofaktoren für die Bildung von Ablagerungen in den Arterien verringern. Es konnte nachgewiesen werden, dass Tocopherole eine hemmende Wirkung auf die *Lipidperoxidation* haben und dass Tocotrienole die *Cholesterinsynthese* hemmen. Beides sind bekannte Risikofaktoren für Herz-Kreislauf-Erkrankungen.

Allerdings gibt es Hinweise aus klinischen Studien, dass die ergänzende Einnahme von Vitamin E zwar das Risiko eines *Ischämischen Schlaganfalls* verringert, dafür aber das Risiko eines *Hämorrhagischen Schlaganfalls* erhöht. Dies gilt insbesondere bei älteren Menschen, bei denen das Vorhandensein von Vitamin E die Gerinnung des Blutes beeinträchtigen kann, wodurch sich das Risiko eines Hämorrhagischen Schlaganfalls erhöht.

Als *Schlaganfall* bezeichnet man die Folge einer in der Regel schlagartig auftretenden Durchblutungsstörung im Gehirn, die zu einem regionalen Mangel an

Sauerstoff (O_2) und Nährstoffen (Glukose) und damit zu einem Absterben von Gehirngewebe führt.

Bei einem *Ischämischen Schlaganfall* (*Hirninfarkt*) werden Blutgefäße im Gehirn verschlossen, wenn sich in den Arterienwänden Ablagerungen gebildet haben oder wenn ein Blutgerinnsel stecken geblieben ist. In der Folge wird das Gewebe schlechter durchblutet. Die Nervenzellen im Gehirn erhalten deshalb zu wenig Sauerstoff und Nährstoffe, und sie sterben ab. Als sekundäre Folge können auch Blutungen im Infarktgebiet entstehen.

Von *Hämorrhagischem Infarkt* (*Hirnblutung*) spricht man, wenn Blut ins Hirngewebe eindringt. Dies kann geschehen, wenn der Blutdruck in den Arterien zu gross ist und die Gefässwände durch Arteriosklerose geschädigt sind. Dann kann ein Blutgefäss aufreissen. Auch in diesem Fall kommt es zu einer Durchblutungsstörung des Gehirns und zur Zerstörung von Nervengewebe.

Zusammenfassung:

Wie kommt man an das Vitamin E heran: Auf natürliche Weise durch hochwertige *Pflanzenöle*, *Weizenkeime*, *Haselnüsse*. Sie enthalten dieses Vitamin.
Es ist wichtig für den Fettstoffwechsel, schützt mehrfach ungesättigte Fettsäuren vor ihrer Oxidation.

Ein Mangel an diesem Vitamin ist äußerst selten. Tritt er allerdings auf, dann kann er schwerwiegende Folgen haben. Er bewirkt eine Anhäufung von Sauerstoffradikalen und mit diesen Ausfallerscheinungen in Zellmembranen. In Blut-, Muskel- und Nervenzellen.

Vitamin E gibt es als Präparate in Nahrungsergänzungsmitteln.

15 Vitamin K

Phyllochinon (= Vitamin K) ist ein fettlösliches Vitamin aus der chemischen Gruppe der *Chinone*. Phyllochinon ist ein Sammelbegriff für zwei natürlich vorkommende und einige weitere synthetische Verbindungen mit Vitaminwirkung.

Phyllochinon kommt praktisch in allen *grünen Gemüsen* vor. Reich an Vitamin K sind *Spinat* und *Kohl*. Darüberhinaus kann *Menachinon* (Vitamin K2) von den Bakterien der Darmflora synthetisiert werden.

Da Phyllochinon fettlöslich ist, werden zur Resorption Gallensäuren als Emulgatoren benötigt. Gallensäuren sind in der Leber produzierte Abkömmlinge des Cholesterins, die entscheidend bei der Resorption von Fetten, die gemeinsam mit der aufgenommenen Nahrung wirken. Daher ist die resorbierte Menge des im Dickdarm von Bakterien hergestellten Menachinon unklar. Im Dünndarm resorbiertes Phyllochinon wird in Chylomikronen zur Leber transportiert. Chylomikronen sind Lipoproteine, die dem Transport von mit der Nahrung aufgenommenen Triglyceriden, Phospholipiden und Cholesterin vom Darm zur Leber dienen.

Der Transport des Vitamins zur Leber ist also komplex und mehrstufig.

Der Bedarf von Phyllochinon liegt bei etwa 65 µg (Mikrogramm) für Frauen und 80 µg für Männer pro Tag.

Wegen der postnatal physiologisch begrenzten Vitamin-K-Speicher und des dadurch erhöhten intrakraniellen Blutungsrisikos (innerhalb des Schädels), wird in Deutschland bei allen Neugeborenen eine Substitution durchgeführt. Jeweils 2 mg p. o. (per os, also durch den Mund) zu den Vorsorgeuntersuchungen U1 unmittelbar nach der Geburt, U2 zwischen dem 3. und 10. Lebenstag und U3 in der 4. – 6. Lebenswoche.

Ein nahrungsbedingter Mangel an Phyllochinon ist sehr selten, da es in der Nahrung in ausreichend hoher Menge vorkommt und zusätzlich durch die Darmflora bereitgestellt wird. Bei gastrointestinalen Anomalien allerdings sind Mangelzustände möglich. Symptome eines solchen Mangels sind:

* Hämorrhagien (Blutungen)
* Diarrhö (Durchfall)
* Wundheilungsstörungen (Wundheilung ist ein körpereigener biologischer Prozess, mit dem eine Wunde ohne wesentlichen ärztlichen Eingriff durch Wiederherstellung oder narbigen Ersatz des beschädigten Körpergewebes verschlossen wird)
* Frakturheilungsstörungen (Knochenheilung, Bruchheilung)

Überdosierungserscheinungen von Vitamin K bei Gesunden sind nicht bekannt.

Zusammenfassung:

Man erhält Vitamin K vor allem aus *grünem Gemüse*, aber auch über *Milch* und *Milchprodukte, Fleisch, Eier, Obst* und *Getreide*.
Vitamin K ist an der Einstellung der Blutgerinnungsfaktoren beteiligt, sowie an der Regulation der Knochenbildung.

Mangelerscheinungen kommen bei gesunden Erwachsenen nicht vor. Manche Krankheiten können einen Mangel verursachen. Dann besteht eine erhöhte Neigung zu Blutungen.